元気です、広島

元気です、広島

市民が創る
豊かな未来

秋葉忠利
Akiba Tadatoshi

海鳴社

装　丁：林　健造
写真提供：広島市

はじめに

　この本は、広島市のメール・マガジン「ひろめーる」に二〇〇三年の四月から掲載しているコラム「春風夏雨」に寄せたエッセイを集めたものです。発行は毎月一〇日と二五日です。これに加えて、広島市の伝統的な広報紙である『市民と市政』でも「市長日記」として隔週の連載をしています。結局、毎週、文章という形で私から市民向けの発信をしています。紙に活字という体裁のせいもあって「市長日記」はややもすると硬くなり勝ちですが、メルマガには長さの制限がないこともあって、気軽にそして気楽に読んで頂けるような内容、スタイルにしたいと工夫しながら二年以上が経ちました。

　国会議員時代には毎週金曜日に『アキバ・ウイークリー』と題して、国会報告を発行していました。その新版のようなつもりもあったのですが、一つ大きく変えた点があります。それは、「私」の位置付けです。『アキバ・ウイークリー』では私個人の考え方を中心に報告をまとめていました。国会議員は代議士とも呼ばれます。つまり、議員を支持する人たちの代弁者としての仕事をする立場です。しかし市長は、自分を必ずしも支持してくれてはいない人たちの代表でもあるという面があります。この側面を大切にしたいと考えて題材を選び、そこから自然に汲み取ることのできるメッセージを私なりにまとめたつもりです。

その結果が、『元気です、広島』になりました。なぜ、広島が元気なのでしょうか。本文をお読み頂ければその答は明らかです。広島市民の持つ創造的エネルギーそして未来志向の活動が広島の元気の源です。多くの市民の皆さんの活動をご紹介するに当っては、当然私なりの視点が加わっています。そちらを簡単にご紹介することで本書の性格をご理解頂けるのではないかと思います。

一つは、「現場主義」です。「現場」からのレポートにこそ、大きな力があることは言うまでもありません。その「現場」は世界的な広がりを持ち、子どもから年配の方々まで多くの皆さんの活動する場です。職業もさまざまですし、個人的な背景も多様です。多くの「現場」からの市長レポートとしてお読み頂ければと思います。読者の皆さんにも新たな発見になるようなことが一つでも二つでもあれば、大変嬉しく思います。

私は、尊敬するリンカーンの言葉を借りて「市民の市民による市民のための広島市政」の確立を目指してきました。民主主義が市民中心の制度であること、つまり民主主義の「現場」とは市民そのものであると考えると、リンカーンの言葉は「現場主義」の勧めだと解釈することもできます。今後とも、現場を中心に市政を活性化する姿勢を、私の活動の公理の一つとして貫き通すつもりです。

その他に私が大切にしたい「公理」つまり、基本的な考え方は、二〇〇三年、二回目の選挙直後の二月議会における所信表明として、市民そして議員の皆さんに聞いて頂きました。以下、その一節です。

私は四年前の所信表明を「政治は言葉です」で始めました。それは、四年前の選挙中の経験や思いを凝縮したものでした。それにならって、今回の選挙で強く感じたことを三点、申し上げたいと思います。

第一番目は、善意が素直に通じ合い、さらなる善意を生み出す社会の大切さを痛感しています。善意が素直に通じるためには、言葉の意味が正確に伝わらなくてはなりません。正しいことは正しいこととして、善いことは善いこととして、美しいことは美しいこととして、温かき思いは温かき思いとして伝わる社会をめざして、これから四年間、今まで以上に努力したいと決意しています。

二番目には、広い視野を持つことの大切さです。蝶々の羽ばたきが海を越えた国の気候を左右するとも言われるくらい、世界は密接に繋がっています。その世界の隅々にまで「ヒロシマ」という名は伝わっています。その名に、そして世界に恥じることのない広島を創る義務が私たちにはあります。世界標準に照らして誇れる広島づくりが求められる所以です。

三番目は、未来への責任を果すことの重要性です。この地球は未来の世代から私たちの世代が、ほんの一瞬の間、借りているものです。未来の視点から判断するとき、私たちは十分に責任を果しているのかどうかが基準です。環境のみならず、経済、財政、平和、福祉、教育等々、私たちを取り巻くすべての面でこの視点からのチェックが必要不可欠です。特に、未来の世代への責任を果す出発点は、今生きている子どもたちへの責任を果すことです。世界のどこに生活しているかにかかわらず、私たち人類の共同責任として、子どもたちの未来を豊かなものにしなくてはなりません。最低限、子どもたちの生命を守り、安全な環境をつくる責任が私たちにはあります。

それからそろそろ三年になります。もう一点付け加えるとすれば、それは「都市」の重要性です。本書には収録しませんでしたが、「春風夏雨」の第五六回目にカナダに住む文明・都市研究家であるジェイン・ジェイコブズさんの考え方を紹介しました。大雑把に要約するとそれは、歴史的に世界の経済や文化の中心になってきたのは都市であり、都市の活力は多様性から生まれる、というものです。このことは、今年訪問したイタリアのいくつかの都市で実感することができました。ルネッサンス時代からの伝統が今も生きている都市の魅力とエネルギーから学ぶ点は多くあります。日本でも江戸時代の都市が、地域毎に素晴らしい発展を遂げ、経済や文化面での牽引車となっていたことは皆さん良くご存知のとおりです。こうした伝統を踏まえて、広島市の持つ多様な魅力がもっと大きく花開くように、市民の皆さんと共に努力を続けたいと考えています。

ただ単に国家の中の小さい単位として都市を考えるのではなく、多様な人間の集まりとしての主体的な組織である都市を出発点に物事を考えることにこそ意味があるのです。この視点から現在私たちの周りにある複雑多様な問題を捉えることで多くの新たな発見があるはずです。そのための問題提起を本書の中でもしています。

メルマガのコラム「春風夏雨」というタイトルは、数学者・岡潔ファンならすでにお気付きだと思いますが、『春宵十話』に続く岡先生のエッセイ集のタイトルです。先生への敬意表明のつもりで使わせて頂いています。また、志だけは岡先生のエッセイと同じような爽やかさを目指しているという「決意表明」でもあります。

メルマガを定期的に読んで感想を寄せて下さる熱心な読者の皆さんもいらっしゃいますが、本の形になることでより多くの皆さんの目に触れることを嬉しく思っています。本書をこのような形で世に出して頂いたのは、数学書房の横山伸氏のお骨折りによります。『数学セミナー』編集長の時代から様々な形でお世話になってきました。改めて心からお礼を申し上げます。同時に、「春風夏雨」で提起した問題には広島という地域を越えた普遍性があることを認めて頂けたことで、新たな責任を感じています。

最後に、被爆六〇周年の師走を迎えて、改めて被爆者ならびに被爆者に魂を重ねて活動して来られた多くの皆さん、その中には幽明境をことにした方々もいらっしゃいますが、その皆さんに本書を捧げます。

二〇〇五年一二月

秋葉　忠利

もくじ

1

体験を語り伝える

——被爆と広島

子どもたちによる「平和への誓い」

2003.8.10.

子どもたちをめぐる環境は劣悪であるという認識が、マスコミを含めて多くの人々に共有されているようです。子どもたちが被害者あるいは加害者として大きく報道された事件に注目すると、そのような結論を導くことは可能です。広島でも、暴走族や犯罪等の問題に焦点を合わせれば、そういえるのかもしれません。

しかし、子どもたちの置かれている状況をより正確に把握するためには、十分なサンプル数の統計的調査などが必要になります。私が強調したいのは、仮に子どもたちをめぐる環境が悪かったとしても、多くの素晴らしい子どもたちが育っているということです。

たとえば、ミレニアム事業として多くの皆さんから応募していただいた「広島の歌」のグランプリは、当時小学校三年生だった女の子の作品でした。本通り商店街に掲げられた「見て！　見て!!　平和のでっかい絵」も、おそらく全体では千人以上の子どもたちが参加して描かれた絵だと思います。今年の絵も、今まで以上の素晴らしい出来栄えだと感心しています。

平和記念式典で、毎年、素晴らしい演奏と歌声で平和への思いを表現してくれる多くの小・中・高校生。式典の案内や花の手渡し、車椅子などの介助をしてくれるボランティア。その他多くの若者が、この式典の意義を理解し、大人以上に立派に、それぞれの役割を果たしています。なかでも、象徴的な役割を果たすのが「平和への誓い」で、今年も感動的で説得力のある内容でした。

しっかりとした学力やさまざまな形の表現力、実行力を身につけ、人間としても立派に育ちつつある子どもたちが、広島にはこんなに多くいるのです。子どもたちに感謝するとともに、私たち大人が改めて、その責任を果たす決意をしなければと感じています。

「平和への誓い」は、「こどもピースサミット作文募集」に応募のあった七六七篇の作品の中から、教育委員会の審査で選ばれた二〇人の小学生が、みんなで力を合わせて創ったものです。

子ども代表による「平和への誓い」

いま一度、じっくりと味わっていただければ幸いです。

「平和への誓い」

人間はだれもが、夢と希望にあふれた、幸せな生活を送ることを願っています。しかし、五八年前のあの日、広島に落とされた一発の原子爆弾は、明日へ向かって懸命に生きようとしていた人々の、望みや願いを一瞬にして奪い去り、緑あふれる街並みを消し去り、多くの人々の心に深い悲しみや苦しみを残しました。

ちちをかえせ　ははをかえせ
としよりをかえせ　こどもをかえせ
わたしをかえせ　わたしにつながる
にんげんをかえせ
にんげんの　にんげんのよのあるかぎり
くずれぬへいわを　へいわをかえせ

この峠三吉の詩に込められた戦争のない、平和な世界は、いつまでも変わらない私たちの願いです。世界には今も、大量の核兵器が蓄えられています。「正義」の名のもとに、戦争や紛争がくり返され、私たちと同じような子どもたちが傷ついています。また、私たちの身の回りにも、いじめや暴力の問題があります。

戦いや争い、そして、いじめや暴力をなくすために必要なのは、「相手を思いやる心」です。性格の違いや考えの違いはあっても、お互いに寛大になり、お互いの理解を深め、お互いのよさを認め合っていく努力こそ、平和への糸口だと思います。「暴力ではなく対話を」、これは、平和のために私たちができることの一つです。世界の友だちのために、ユニセフの募金に協力したり、おじいさんやおばあさんに席をゆずったりすること、これも私たちにできることです。

こうした「人のために」一人一人ができることを実行する勇気を持つ時、世界中が人々の明るい笑顔でいっぱいになると思います。

私たちは、核兵器の恐ろしさを世界の人々に訴え続けます。そして、廃墟の広島を、水と緑と文化の街として復興させた人々の努力を語り継ぎ、「平和の折り鶴」を広島から世界へ力強く羽ばたかせていくことを誓います。

平成一五年（二〇〇三年）八月六日

こども代表

広島市立段原小学校六年　片岡　瑞希

広島市立南観音小学校六年　藤井　博之

ベーカー大使の広島訪問

予算査定が始まった一月二六日、突然、アメリカのベーカー大使が広島を訪問する、しかも三日後の二九日に、というニュースが飛び込んできました。昼も夜も予定が一杯、しかも予算査定のための時間を最優先している時期ですから、まったく余裕がありません。とはいえ、広島を一度も訪問したことのないアメリカの大使となれば、何とか時間をやりくりして、対応しなくてはなりません。

イラク情勢、そして自衛隊のイラク派遣が問題となっている時期を考えると、何のために今、広島に来るのだろう、という疑問が生ずるのは当然です。その答えが何であろうと、昔なら、大規模なデモ行進か集会が開かれ、アメリカのイラク政策反対の声がすぐにでも上がったでしょう。しかし、そのような動きもまったくありませんでした。そうではあっても、私は広島市長として、この機会を生かして三

ベーカー大使の広島訪問

2004.2.10.

つのことを明確に伝えたいと思いました。
まず、被爆の実相を正確に知ってもらうこと。二つ目は、被爆者のメッセージである和解の思想を理解してもらうこと。三つ目は、ブッシュ大統領の広島訪問を改めて要請し、その実現のために力を貸してもらうことです。

平和記念公園で慰霊碑への献花の先導を務めるところから、私の「任務」が始まりました。その中で、多くの公式訪問者の場合にはあまり例のない、予定外の行動が加わりました。ベーカー大使が平和の鐘を見たいと言い出したのです。そのため、公園内をゆっくり歩きながら案内することができました。

平和の鐘を見たいのは、そのレプリカ（模型）を東京の大使室に飾ってあるからだとのことでした。それは、かつて原爆開発の拠点だったテネシー州オークリッジの研究所の所員から贈られたものだそうです。しかも、オークリッジでは一年に一度だけその鐘を撞くことになっている、原爆を創り出してしまったという罪の意識からだろう、とのコメントもありました。

その他にも原爆の子の像、世界中から贈られた折り鶴、原爆供養塔、移植された被爆アオギリなどを熱心に見学され、最後には、「広島の歌」コンテストでグランプリになった「アオギリの歌」も聞かれたほどでした。

大使からは、なぜ今、広島訪問なのかについて、自然な形で説明がありました。以前から広島を訪問したいと考えていた。事実、日程まで決まっていたのに、事情が変わってキャンセルせざるをえなかったことがある。それからも何とか時間を取りたいと考えていた。加えて、昨年秋に奥様が広島を訪れ、ぜひ訪問するようにと強く勧められた。そうした経緯があって、今回の訪問が実現したとのことでした。

平和記念資料館も、畑口館長とともに案内しました。熱心に見てまわる大使の姿から私の受けた印象は、大使にとってはかなりつらい時間だったのでは、というものでした。しかし、科学的な説明に対しての関心は高いように見えました。夕食会の時に、弁護士になる前には電気工学を専攻していたとの経歴をうかがい、納得が行きました。

資料館を見た後、大使は「心からの同情と悲しみとともに」と記帳。その後、約二〇分間、ブッシュ大統領への書簡や平和宣言の写し、今年開催予定の日米都市サミットの案内などを渡し、二〇〇一年九月一一日以降、広島市として世界に発信し続けてきたメッセージの内容を説明しました。

それは、「報復ではなく和解を」という被爆者のメッセージです。この考え方に至るまでには、アメリカ人、特にニューヨークの人々――たとえばジョン・ハーシー氏やノーマン・カズンズ氏――の影響も大きかったことに言及した上で、その精神に基づいてブッシュ大統領に広島訪問をしてもらいたい旨、特にお願いをしておきました。

大使は、第二次大戦中に自分は海軍の軍人であり、あのまま戦争が終わらなければ、日本侵攻の部隊の一員として命はなかったであろうと述べました。しかしまた、そのためにこんなに多くの人々が犠牲になったことを、自分は真摯にかつ重く受け止めている、とも発言されました。

かつて、広島の被爆者の心理を研究した精神分析医のロバート・リフトン博士なら、ベーカー大使の広島訪問は、「罪の意識」のなせる業だと診断するはずです。しかし大使は、一人の知的かつ誠実な人間としての温かさを広島に残していってくれました。夕食会では、今後の科学技術のあり方、これからの人間社会にとっての科学技術の意味が話題になりました。人類共通の知的基盤をもとに話のできる大使の能力は、これからアメリカと対話を続けていく上で、広島にとってのプラスだと感じました。

この新たな絆をもとに、アメリカの核政策や外交政策が、私たち広島市、そして被爆者の考え方に近づくよう、さらに働きかけたいと思います。

報復ではなく和解を

七夕の日、七月七日に、拙著、『報復ではなく和解を』が発売になりました。出版社は岩波書店。一九九九年に市長に就任して以来、私が何カ所かで行ったスピーチをまとめ、現時点での簡単な背景の解説を付けたものです。巻末には、一九九九年以来の平和宣言を日英両国語で収録しました。できるだけ多くの皆さんにお読みいただきたいと思います。そのために、『パシュラル先生』や『フランチェスコ』などの出版を通して国際的にも活躍している、はらだたけひでさんに、優しくかつ未来を指し示す絵を添えていただきました。

平和宣言はもちろんですが、平和関連の分野に限れば、種々の会合で私が講演する内容は、被爆者の皆さんの経験やその中から生まれた平和へのメッセージが中心になります。なかでも、「こんな思いは他の誰にもさせてはいけないのだ」という誓いを出発点にした「和解」のメッセージが重要です。和解とともに、被爆者の皆さん、そして被爆者と魂を重ねてきた多くの人々がめざしているのは、核兵器の廃絶です。

2004.7.10.

ですから、一九八二年に発足し、現在、六〇九の都市が参加している平和市長会議が、二〇二〇年までに核兵器を全廃しようと提案し、そのための「緊急行動」を理事会で採択した際には、多くの被爆者の皆さんから歓迎されました。唯一、注文を付けられたのは、「二〇二〇年では遅すぎる。もっと早く実現するよう努力すべきだ」という点でした。

今回は、この緊急行動を支持・支援する輪が急速に広がっていることを報告したいと思います。冒頭で言及した『報復ではなく和解を』の出版も、緊急行動についてより多くの人に理解してもらい、来年のNPO再検討会議を成功させたいと願う岩波書店からの応援だと私は考えています。こうした形での輪が広がることで、世界の世論が動き、その結果、日本を含む各国政府が来年こそ核兵器の廃絶に真正面から取り組むことになるよう、私たちも一層の努力をしなくてはならないと考えています。

広島をはじめ、日本国内での支持も大変大きくなりつつあります。具体的にどのような支持・支援があるのかについては、近々稿を改めて報告するつもりです。今回は、アメリカ、そして欧州での支持を少し詳しく紹介したいと思います。

まず、六月二五日から二九日までボストン市で開かれていた全米市長会議の本会議（六月二八日）で、核兵器廃絶のための緊急行動を支持する決議が満場一致で採択されました。アメリカのブッシュ大統領は、「使える核兵器」の開発に熱心です。核不拡散条約を遵守し、核兵器の廃絶に努力しようとする気持ちはほとんどないようです。しかし、アメリカ市民にもっとも近い、米国内の一、一八三都市で構成される組織が、平和市長会議の提案を満場一致で支持してくれたのです。

その決議の内容も、アメリカ政府の立場から考えると、かなり「過激」なものです。皆さんにお読みいただくことで、アメリカ社会がまだまだ健全であることをご理解いただけるのではないかと思います。

決議文は、八つの説明条項と二つの決議条項で構成されています。その要点は以下の通りです。

・世界中の都市は核兵器にまったく無防備であること。
・来年五月にＮＰＴ再検討会議が開かれること。
・核兵器国は誠実に核軍縮交渉を進めることに同意していること。
・平和市長会議が核兵器廃絶のための緊急行動を始めていること。
・米国大統領に、核兵器廃絶のための交渉を開始するという二〇〇五年ＮＰＴ再検討会議の決定への支持を求めること。
・核の脅威から解放されるまで核兵器の問題に取り組み続けること。

もう少し遡って、今年の二月二六日、ベルギーのブリュッセルで開催された欧州議会の本会議においても、平和市長会議が推し進めている「核兵器廃絶のための緊急行動」を支持する決議文が採択されています。

その内容は、今年四月二六日から五月七日までニューヨーク国連本部で開かれた、第三回ＮＰＴ再検討会議準備委員会に備えて、欧州連合として取り組む核軍縮の方向性を示すものでした。決議文は、一二の説明条項と二二の決議条項で構成され、要点は以下の通りです。

・NPTは、核軍縮のための重要な国際法であること。
・テロ組織などへの核拡散を懸念すること。
・EUの目標は、核兵器の完全廃棄であること。
・核軍縮を実現するためには、期限付きの行程表が必要であり、その実現に向けあらゆる努力が行われるべきであること。
・NPT再検討会議およびNPT再検討会議準備委員会において、EUおよびその加盟国は、核軍縮に向けて連携して取り組むこと。

決議条項のうち、一五番目の条項は、次の通りでした。

「広島・長崎両市長が主導する核兵器廃絶のための緊急行動への支持を表明する。」

決議文全体は、挙手により可決されました。しかし、「核兵器廃絶のための緊急行動」への支持に関する条項については、支持者を特定するため、特別に記名投票を実施しました。その結果、賛成四〇六、反対五五、棄権一五により採択されました。

全米市長会議ならびに欧州議会の決議は、行政ならびに議会のレベルで、世界的な支持が広がりつつあることを示すという意味で、大変重要なものです。これを契機に米国内はもちろんのこと、世界中に賛同の輪が広がることを期待しています。私たちも、二〇〇五年の核不拡散条約（ＮＰＴ）再検討会議において、核兵器廃絶に向けた具体的な成果を得られるよう、さらなる努力を重ねていきたいと決意を新たにしています。

朗読で被爆体験を共有しよう

2004.8.10.

被爆五九年目の平和宣言では、今年の八月六日から来年の八月九日までを、「核兵器のない世界を創るための記憶と行動の年」にすることを宣言しました。これからの一年間、このメルマガでも、「記憶と行動」に焦点を合わせて、さまざまな問題提起をするつもりです。今回はまず、被爆体験記の朗読について取り上げます。

朗読を通じて記憶を大切にするのは、『ヒロシマ』の著者、ジョン・ハーシー氏の言葉を借りると、人類全体としてもっている被爆の記憶が「斑《まだら》」になりつつあるからです。その傾向に歯止めをかけることが目的の一つです。

同時に、被爆体験記には新たなエネルギーを創る力があります。一九九九年の平和宣言でも述べたように、死を選択しても非難できないような状況で、それでも人間であり続けた被爆者の姿から、私たちは常に励まされ、また多くのことを学んできました。そこから生まれるエネルギーを行動に結びつけるのがもう一つの目的です。

もともと「朗読プロジェクト」は、「国立広島原爆死没者追悼平和祈念館」のイニシャティブで今年、始まりました。子どもたちのために、ボランティアの皆さんが被爆体験記を朗読する、つまり「読み語る」事業です。今年度、試行的に行った結果が素晴らしかったため、国でも来年度、本格的に取り組んでくれることになりました。

広島市としても、来年、被爆六〇周年を迎え、かつ「核兵器廃絶のための緊急行動」にも関連がありますので、国の事業をさらに意味あるものにするため、積極的に取り組んでいきます。たとえば、全国の自治体や、平和市長会議の加盟都市に呼びかけ、各都市それぞれの立場で、このようなプロジェクトを立ち上げてもらうつもりです。

できることなら、世界の多くの都市を被爆者の皆さんに訪ねてもらい、被爆体験の証言をお願いしたいと思います。しかし、高齢化が進みつつある今、世界を飛び歩いていただける被爆者の数は限られています。次善の策として、私たち自身、被爆体験はもたなくても、これまでに感動した体験記を読み語ることで、少しでも多くの子どもたちに被爆体験を伝えていきたい。そこにこのプロジェクトの意義があります。

しかも、被爆体験記の読み語りは、誰にでも簡単にできるという点が重要です。必ずしもうまく読むことだけが大切なのではありません。おそらく、私たちが体験記を読めば、どこかで声が詰まってしまうのではないかと思います。聞いている子どもたちに、なぜ大人でも、最後まで涙なしには読めないのかを理解してもらうことが大切です。また、なぜある箇所で、私たちが声を詰まらせることになったのかを説明することも重要です。私たち自身の経験の中でも、思い出さざるをえないことや心の中に浮かぶ強いイメージがあるでしょう。日常的な経験であっても、体験記の言葉と重なる部分もあると思います。そうした経験と合わせて説明することで、体験記がより身近なものになるはずです。

もう少し視野を広げて考えると、大人が子どもに読み聞かせることだけに限定しなくてもよいのではないでしょうか。被爆体験の原点に戻るために、一人で体験記を読むのではなく、誰かと一緒に声に出して体験記を読むことにも大変意義があります。被爆体験への思いを共有することになるからです。さらに、被爆体験記を他の人に向かって読むことで、読み手と被爆者との距離が狭まります。声に出して読むことで、しかも聞き手がいることで、読み手は一時的にせよ書き手の立場に立たざるをえないからです。より自然な形での感情移入によって、被爆者の思いを内面化する環境が整います。

さらに視野を広げると、被爆体験記だけではなく、感動的な物語や詩、憲法や世界人権宣言といった歴史的な文書も含めて、一人で読むのではなく、家族や友人と、あるいは学校やサークルで声に出して読むという活動が大事だと思います。その活動が、新たな価値の創造につながるのではないかと思います。

日本では昔から、「歌仙を巻く」という形で、仲間同士で俳句や和歌を創る会を催してきました。西洋でも、「poetry reading」、つまり詩を読む会が盛んです。それは、ある時間を共有して創造的な活動を行うことが、いかに大切であるかの証拠だともいえるのです。あえてもう一つ付け加えると、カラオケが世界的に広まりつつあるのも、創造的な時間の共有という視点から説明できるような気がします。

また、最近のベストセラーの中には、『声に出して読む日本語』のように、黙読するのではなく、声に出すことの大切さを強調しているものが目立っています。それをもう一歩進めて、何人かで一緒に声に出して読む、あるいは、一人が朗読するのを他の人が聞くところまで含めたらどうかという提案でもあります。

国立広島原爆死没者追悼平和祈念館では、著名人による被爆体験記の朗読も計画しているようです。それを録音して、そのテープを多くの市民に提供することも考えられます。このようなテープを聴く会を催すことなら、朗読に自信のない人でもできるでしょう。聴いた後で感想を述べ合う時間をつくれば、それが体験の共有につながります。まずは朗読を聴く時間を共有することから始め、そのうち自分たちで直接、読み語る会が開けるようになればいいと思います。

その他にも、いろいろなやり方があるはずです。皆さんの創意工夫に期待しています。できれば、このような形で朗読会を開きました、あるいは、読み語りをしてみましたといったレポートをお寄せください。こうしたレポートを集めて、たとえばこのメルマガに掲載するなど、皆さんの「実験」を共有することで、さらに輪が広がることを期待しています。

朗読や読み語りを通じて、被爆体験を共有したり、創造的な時間をつくったりする。そして、そこで生まれた新たなエネルギーを行動につなげる。それが実現できれば、こんなに素晴らしいことはありません。被爆体験を人類共有の記憶とするために、多くの皆さんの参加をお願いします。

現実的な楽観主義者――倉本寛司さんの御冥福をお祈りします

2004.10.10.

米国原爆被爆者協会名誉会長の倉本寛司さんが、現地時間の四日、七八歳で亡くなりました。二四、五年前、ボストンの自宅から初めて電話を差し上げてから大変お世話になり、いろいろなことを教わりました。御冥福をお祈りいたします。

倉本さんは一九二六年、ハワイで生まれました。五歳のときに来日、市内の東区で育ちました。八月六日は、学徒動員先の山口県光市の海軍工廠《こうしょう》で迎えました。家族の住む広島に戻ったのが八日。父上を探すため市内を隈なく歩き回りましたが、結局、消息はわからず仕舞いでした。しかしその間、目の当たりにした被爆の惨状は、一生、倉本さんの頭から離れることはありませんでした。その思いを一言で表現すれば、一九七四年に開かれたカリフォルニア州議会上院の公聴会での言葉、「原爆投下は人類が犯した最悪の罪」になるはずです。

アメリカに「帰米」したのは、一九四八年、在日アメリカ領事から勧められ、サンフランシスコの伯父さん家族を頼ってのことでした。ここで「帰米」とは、アメリカで生まれ、一時期を日本で過ごした二世たちが、再び「祖国」アメリカに帰ったことを意味します。歴史の皮肉ですが、それとは逆に、戦争中にアメリカ政府によって収容所に隔離された日系人が、アメリカ国籍を捨てて、日本に「帰国」したケースもあったようです。

さて、倉本さんは「帰米」後、日系人の間で「スクールボーイ」と呼ばれた家事手伝いの仕事をし、また、夏の間は農場でフルーツ採りをしながら、学校、そして州立大学に通いました。サンフランシスコ市役所勤務を経て、一九五四年にカリフォルニア州の道路局に就職、一九八八年に退職するまで三四年間勤めました。

その間、そして退職後も、多くの人々や団体の世話をすることが、倉本さんの人生において重要な意味をもっていました。なかでも倉本さんが最も力を入れたのは、米国被爆者協会の設立でした。また、アメリカに住む被爆者のために、アメリカ政府と日本政府に働きかけ、彼ら・彼女らの医療や生活についての権利を主張し、確保することでした。

倉本さんの行動の動機は、自分が何らかの形で関わることになった弱い立場にある人たちを見過ごせないという気持ちにあったのではないかと思います。言い換えれば、「義を見てせざるは勇なきなり」の思いです。その気持ちを、袖井林二郎氏は名著、『私たちは敵だったのか』の中で次のように要約しています。

帰米後は健康と幸福な家庭にめぐまれて、原爆の悪夢を忘れ去ろうとしていた倉本氏が、なぜ在米ヒバクシャの組織化に手を差し伸べることになったのか――それはこの人々の苦しみを知り、しかも彼らがアメリカの社会からも、日系人の社会からもまったく見捨てられていることを知ったからである。

一九七四年には、倉本さんが会長になり、サンフランシスコを中心に北加被爆者協会を設立、その仕事が本格化します。それまでの時点で、ロスアンゼルス郡検死局長だったトマス・野口博士――ドクター野口が、在米被爆者のためにどれだけ献身的な努力をしてくれたかはあまり知られていません。彼の功績についても、いずれ優れた作家による顕彰を期待しています――が中心になり、連邦政府レベルでの被爆者医療援護法制定のため、努力が続けられていました。しかし、協会結成の頃から作戦を変更して、州議会での法律制定に主力を注ぐことになりました。法案審議のための公聴会の開催、そして法案そのものの審議にまで漕ぎ着けたものの、「お前たちは敵だったのだ」という誤った認識をもつ州の上院議員による反対の声が全体の流れをつくってしまい、結局、法案は成立しませんでした。

アメリカ人としての誇りが傷つけられ、日系人差別に打ちのめされた倉本さんですが、それにめげることなく、その後も法案制定のための努力を続けました。しかしそれと同時に、より現実的な代替策実現のために奔走を始めたことこそ、倉本さんの真骨頂です。それは、日本から医師団を派遣してもらうことでした。在米被爆者の健康に対する不安には健康診断で応え、同時に、英語が十分に話せない人たちのために、心に抱える問題についても日本語で聞いてもらえる機会をつくるというものです。そのためにも、カリフォルニア州の南北二つの被爆者組織の統一が望まれ、一九七六年に米国被爆者協会が発足することになりました。

第一回の在米被爆者検診が実現したのは一九七七年。広島県医師会をはじめ市や県、そして厚生省、外務省、放射線影響研究所など、多くの人たちの善意が実った記念すべき事業の始まりでした。翌七八年には、袖井林二郎氏が『私たちは敵だったのか』を出版。英語版は一九九八年と遅くなりましたが、日米関係の一番難しい問題を背景に、在米被爆者が置き去りにされたままになっている実情とその本質をわかりやすく伝えてくれました。私が倉本さんと知り合ったのは、私が何度も読み返し勉強し、後には翻訳のお手伝いもしたこの本が、大切なきっかけをつくってくれたからでもあります。

倉本さんの仕事は続きます。検診団の次は、里帰り治療の実現です。そのきっかけになった「在外被爆者支援連帯ヒロシマ委員会」設立の出発点は、一九八二年、ニューヨークでの、被爆教師の会会長だった石田明先生と倉本さんとの話し合いでした。私は、そこに同席できたことを、今でも光栄に思っています。

続いて、海外からの被爆者手帳の交付手続を簡素化できないか、海外に住んでいても健康管理手当を支給すべきではないか等々、近年はアメリカだけでなく、海外に住む被爆者すべての援護について、ブラジルの森田さんをはじめ多くの「同志」とともに、熱心に運動を展開してきました。その功績を短いスペースで描き尽くすことは不可能です。こうした倉本さんの考え方が、国のレベルでも一つ一つ実現されてきた過程を振り返ると、倉本さんのもつ先見性と、理想を実現するためのたゆまぬ努力の積み重ねがいかに貴重だったかを、改めて認識しないわけにはいきません。

倉本さんは、常に現実を冷静に見つめ、理想実現のために決して諦めることなく、どんなチャレンジにもひるむことなく挑戦を続けた人です。一人ひとりの人間を自分の仲間、友人として丁寧に遇しつつ、人の悪口も言わず、人間社会の善を信ずる楽観主義者でした。

その倉本さんが唯一、私に愚痴らしい言葉を漏らしたのが、米国被爆者協会の分裂でした。どんな事情があったのか未だに詳らかではありませんが、倉本さんの心残りの一つだったことは間違いありません。

しかし、私の記憶に残る倉本さんは、今でも笑顔です。楽観的な考え方そのままの言葉で理想を語り、そして、たとえ相手が無頼漢でもヤクザでも、あくまで紳士的に振る舞っていた倉本さん。その人間らしさに満ちた言葉と仕種が、私の記憶の中で未来への計画を語り続けています。

「生ましめんかな」――栗原貞子さんの御冥福をお祈りします

広島が世界に誇る詩人、栗原貞子さんが九二歳で他界されました。ご療養中だとうかがっていましたが、近いうちにはお元気なお姿で私たちの前に戻ってこられるものと信じておりました。心から御冥福をお祈りいたします。

栗原さんの「生ましめんかな」に出会ったのは、学生時代でした。原爆のもたらした究極的な死と破壊の中でも、新たな生命が生まれたという事実を知り、それまでは「死」の側面しか見えなかった広島が、より大きなメッセージを伝えていることに気づかされました。大江健三郎さんの『ヒロシマノート』とともに、原爆にも負けない人間性の存在に目を開かされました。世界を創り上げている多くの要素が、人間の想像力をはるかに超えたデザインのもと、未来を創る神秘に打たれたと言ってもよいのかもしれません。

改めて「生ましめんかな」を皆さんとともに味わいたいと思います。

2005.3.10.

こわれたビルデングの地下室の夜であった。
原子爆弾の負傷者達は
ローソク一本ない暗い地下室を
うずめていっぱいだった。
生ぐさい血の臭い、死臭、汗くさい人いきれ、うめき声。
その中から不思議な声がきこえて来た。
「赤ん坊が生まれる」と云うのだ。
この地獄の底のような地下室で今、若い女が
産気づいているのだ。
マッチ一本ないくらがりでどうしたらいいのだろう。
人々は自分の痛みを忘れて気づかった。
と、「私が産婆です。私が生ませましょう」と云ったのは
さっきまでうめいていた重傷者だ。

かくてくらがりの地獄の底で新しい生命は生まれた。
かくてあかつきを待たず産婆は血まみれのまま死んだ。

生ましめんかな
生ましめんかな
己が命捨つとも

こんなに短い一篇の詩が、生と死、人間存在の意味、そして原爆のもたらす究極的な悪を完璧に再現できる不思議さに驚いているのは、私だけではないと思います。
この詩を読むと、続いて頭に浮かぶのは、峠三吉さんの「序」です。

ちちをかえせ　ははをかえせ
としよりをかえせ
こどもをかえせ

わたしをかえせ　わたしにつながる
にんげんをかえせ

にんげんの　にんげんのよのあるかぎり
くずれぬへいわを

へいわをかえせ

二〇〇三年八月六日の平和記念式典における、子ども代表の「平和への誓い」の中でも、広島市立段原小学校六年の片岡瑞希さんと、広島市立南観音小学校六年の藤井博之さんがこの詩を引用しました。被爆者のメッセージが、詩を通して確実に次の世代に伝わっていくことを実感できた一瞬でした。

このような大人と子どもの関係を、先生と生徒の関係として、被爆後の惨状の中にみた正田篠枝さんの歌も忘れることができません。

大き骨は先生ならむ　そのそばに小さきあたまの骨あつまれり

ここまで引用を続けると、老化現象のせいもあって涙を止めることが不可能になります。詩の力、芸術の力、より一般化すると真実を表現する言葉の力に、そしてその偉大さに改めて気づかされます。それは、被爆という大きな体験を背負い、その意味を問い続けてきた被爆者たちの、人間としての闘いの成果です。私たち被爆体験がない者にとって、こうした被爆者の皆さんが骨身に沁みて感じた真実を垣間見ることで、人生の真実に近づくことができたともいえるような気がします。

しかし、時間は容赦なく真実の担い手である多くの被爆者を天に召し続けています。このところ、栗原さんだけでなく、尊敬する多くの被爆者にお別れを言い続けています。思いつくままに名前を挙げれば、近藤幸四郎さん、石田明先生、倉本寛司さん……。

広島、長崎の悲劇を繰り返さないためには、私たちが、そして私たちの子どもや孫たちが、被爆者のメッセージを新たな皮袋に詰め替え、次の世代に伝えていかなくてはなりません。そのために何ができるのか。今、私たちに与えられている状況そのものをしっかり見詰め、虚心坦懐《きょしんたんかい》に、被爆者のメッセージを確実な形で生かすことを考えなくてはなりません。

被爆証言や詩、文学作品を朗読することも、そのための重要な一歩です。広島長崎講座を通して、若者たちに知的レベルでメッセージを伝えることも大切です。そして、親から子どもに伝え続けることのできる「平和の循環」を創ることも、私たちの義務だと信じています。私たちに与えられたあらゆる手段を駆使して、記憶を伝えなくてはならないのです。

栗原さんの御冥福を祈りながら、改めて私たちの使命を確認したいと思います。

＊「生ましめんかな」は、『日本現代詩文庫17　栗原貞子詩集』（土曜美術社出版販売）によりました。

広島平和研究所・福井治弘所長の退任

2005.3.25

二〇〇一年の四月から、広島市立大学広島平和研究所の所長を務められた福井治弘先生が、三月三一日を最後に退任されることになりました。この研究所の基礎固めに大変なご尽力をいただいた功績は特筆されるべきだと考えています。この機会に改めて、平和研究所の目的や必要性について復習しておきたいと思います。

研究所の概要については、ホームページの記述がよくまとまっていますので、ここに引用します。

広島平和研究所は、広島市立大学の附置機関として、一九九八年（平成一〇年）四月一日に設立されました。

世界初の核兵器による被爆を体験した都市としての歴史を背景に、学術研究活動を通じて、核兵器の廃絶に向けての役割を担うとともに、地球社会が直面する諸問題の解決にも寄与し、世界平和の創造、維持と地域社会の発展に貢献する国際的な平和研究機関を目指します。

国内外における平和研究機関と積極的に連携してネットワークを構築することにより、平和研究の発展に寄与します。

学術研究の成果を社会に公開します。講演会、公開講座、シンポジウム、出版活動などを通じて、研究成果を積極的に還元します。

研究領域

（1）平和の理論と平和研究の方法論
（2）広島・長崎の原爆体験
（3）核兵器及び通常兵器の開発、生産、展開、拡散、軍縮、廃絶
（4）アジア太平洋地域における戦争、平和、紛争処理
（5）アジア太平洋地域における平和思想・文化・運動の発展、変遷

残念なことに、これだけ短い記述にしてしまうと、研究所をそもそも設立したいと考えた熱い思いまではなかなか伝わりません。その熱い思いは、基本構想の中の「設置の必要性」の部分に最も明確に述べられています。この部分はぜひホームページを開いてお読みいただきたいのですが、ここでは要約版をお読みください。

まずは、研究所のめざす姿ですが、「広島を国際的な平和研究の拠点として育て上げていきたい。」という決意のもと、より具体的には次の三つの目標が設定されています。

(1)　広島の歴史的な体験を世界の人々に伝え、理解と共感を得るための知的な枠組みを構築していく。

私たちは、核兵器廃絶を目指して、広島の被爆体験を世界の人々に伝え、理解と共感を得るために新たな知的枠組みを構築していく必要がある。これが、私たちの目指している国際的な平和研究機関の原点であり、出発点である。

(2)　「消極的平和」にとどまらず「積極的平和」の達成を目指して、地球規模の諸問題の解決に貢献していく。

私たちは、戦争や紛争のない状態を指す「消極的平和」にとどまらず、それを前提により人間らしく生きるための条件を保障する「積極的平和」の達成を目指して、平和研究の先導的な役割を果たしていきたい。

(3)　平和研究の発展に寄与しつつ、「広島から発信する平和学」を構築して、新しいパラダイムを模索していく。

私たちはこのような「知の組み替え」作業により、広島から発信する平和学の構築を目指して、二一世紀の平和学の大海へ、漕ぎ出していきたい。

これは前途多難なことではあるが、広島市の設置した大学が負わなくてはならない責務と言えよう。

これだけの大事業を成功させるためには、まず、広島市が多額の投資をする必要があります。そして、そのお金を使って、大学ならびに平和研究所の所長が優れた研究員を採用し、研究計画を立て、実行する必要があります。三顧の礼をもって迎えた初代所長の明石康氏には、大変大きな期待が寄せられていたのですが、就任後一年を経ずして、東京都知事選挙に立候補するために辞任されました。その後の二年間は、広島市立大学の学長が平和研究所の所長を兼任する状態が続きました。そんな経緯があって、二〇〇一年の四月から、福井先生に所長として腕を振るっていただくことになったのです。

福井所長は、優秀な研究員を集めることを、ご自分の責任と捉えられました。世界的な広がりをもつ自らのネットワークを最大限に活用しつつ、広島平和研究所の存在を世界にアピールされました。その結果、一流の研究者を選考するためのシステムがつくられました。国際政治ならびに平和の問題についての世界的権威、約一〇人からなる選考委員会を組織したのです。そして、世界の各地から広島平和研究所の所員として仕事がしたいと応募してきた研究者の審査を行いました。

この選考委員会の厳しい審査の結果として選ばれた研究者の質については、改めてコメントする必要はないと思います。このような素晴らしい研究者がこの研究所に馳《は》せ参《さん》じてくれたという事実は、まさに広島のもつ世界的な知名度、そして、多くの被爆者の皆さんの長年にわたる努力がいかに世界的に評価されているのかを如実に示しています。何より、福井所長の学者としての実績が、多くの若い研究者にとって大いに魅力的に映ったに違いないことを、私は確信しています。

少し脇道に逸れますが、国の内外によく知られるようになった平和研究所の存在と、市長の立場との関係について、一言説明をしておく必要があるように感じています。この研究所が広島市に所属しているため、市長が人事権までもっていると誤解している方がかなりいらっしゃるからです。平和研究所の人事について、市長は権限をもっていません。研究や教育の方針などについても発言権はないのです。それは、国の法律である「教育公務員特例法（略して教特法）」によって禁止されているからです。その上、福井所長のつくった選考委員会で選考をするわけですから、専門家でもない市長が、突然、自分の意見を言える可能性などまったくない仕組みになっているのです。大物政治家などから、「この人をぜひ、研究所で雇ってほしい」という要請を受けるたびに、以上のような説明を繰り返しています。外からの雑音が入らないことも、研究所の質を高める上で大切な要素です。

研究者が一つの組織に属して研究を行う場合、その研究所の雰囲気が研究の方向性や質を大きく左右することは、皆さんにもおわかりいただけると思います。広島平和研究所の研究が大きく進んでいるのは、福井所長の指揮のもと、研究員一人ひとりの個性を生かす形で、自由かつ創造的な研究が行われているからなのです。このことは研究員全員、誰に聞いていただいても同じ答えが返ってくるものと確信しています。

三月一九日の土曜日に、平和研究所の主催で、「ＮＰＴ体制の再検討――広島・長崎からの提言」という公開ワークショップが開かれました。その冒頭で、福井先生の退任記念特別講演が行われました。タイトルは「『普通でない国』・『普通でない街』の論理」でした。

「普通の国」とは、戦争のできる国、戦争を当たり前のこととして受け入れる国であり、日本そして広島は、その意味での普通さを拒否してきたし、これからも拒否し続ける存在でなくてはならないと、熱っぽく説かれました。その姿に感動したのは、私だけではありませんでした。特に、被爆者に言及する場面で福井先生の声が詰まり、先生の原点がどこにあるのかを感じることができました。

もう一カ所、先生の声が詰まったのは、奥様に言及されたときでした。先生も奥様も、広島での生活を楽しむことができたようで、そのことは大変嬉しく受け止めることができました。加えて、奥様が声楽の才能を発揮する機会に恵まれたことが、福井先生にとって、広島での四年にわたる生活の中で、特に大きな意味をもったということがしっかり伝わってきました。

福井夫妻は広島を離れ、カリフォルニア州で新たな生活を始められます。これからも広島の代弁者として、ますます積極的な活動をしてくださるであろうことを確信できる特別講演でした。

福井先生、ありがとうございました。そして、今後とも広島のために、お元気でご活躍くださいますよう、お願いいたします。

SSDとNPT——一九八二年六月と二〇〇五年五月の違い

2005.4.25.

五月の二日から二七日まで、核不拡散条約（NPT）再検討会議が、ニューヨークの国連本部で開催されます。人間の作ったものですから、当然、完璧ではありません。しかしそれでも、NPTはとても大切な条約です。なぜなら、核兵器保有国に対して、核兵器廃絶のための努力をしなければならないという縛りをかけている唯一の条約だからです。

世界的に活動している多くのNGOや草の根団体は、この条約を強化して、国連の枠組みの中で核兵器の廃絶を実現していこうと考えています。特に今回の再検討会議では、核兵器廃絶の方向に大きく舵を切る決断を下すよう、国際的な世論を高める目的で、多くのNGO代表や市民活動家がニューヨークに集まります。そして、さまざまな活動を計画しています。その出発点になるのが、五月一日の日曜日、世界的にはメーデーの日に、セントラル・パークで行われる大集会です。

私の頭の中には、二三年前の一九八二年六月、国連軍縮特別総会（SSD）がニューヨークの国連本部で開かれた際、核兵器の凍結（その時点での保有量以上に核兵器を増やさないこと、核兵器に関する活動、つまり核兵器の製造や核実験も停止すること）を求めて、世界中から百万人以上の人々が集まったイメージが鮮明に残っています。特に六月一二日の土曜日には、ニューヨークの目抜き通りで百万人のデモがあり、その後、セントラル・パークで大集会が開かれました。

　私たちの世代の人間は、加齢現象かもしれませんが、今回の再検討会議と二三年前のＳＳＤとを重ね合わせて考える傾向があるように思います。ただ単にノスタルジアに浸るのではなく、これからの活動を実り多いものにするため、この二〇年間でどんな変化が起きたのかを簡単に整理しておきたいと思います。

　個人的な感慨としては、ＮＧＯや市民活動家たちの広島・長崎に対する考え方が、この二三年間で大きく変わったと感じています。一九八〇年代、特に一九八二年にはアメリカ各地で多くの反核集会が開かれました。当時、ボストンの近郊に住んでいた私が何度も耳にした言葉があります。それは、「広島・長崎への原爆投下は正しかったが、次に核兵器が使われれ

ＮＰＴ再検討会議（国連本部）で

ば、それは自分たちの身に降りかかるか、人類の滅亡につながる。だから凍結が必要だ」というものです。

当時の凍結運動をリードした有力な団体の中には、ＰＳＲ（「社会的責任を果たす医師の会」）やＩＰＰＮＷ（「核戦争防止国際医師の会」）といった医師たちの組織が入っていました。彼ら・彼女らの活動はボストンから始まりました。そのボストンでさえ、集会の中で被爆者の発言する場を確保しようとしても、その意味をわかってもらえないようなことが何度もありました。六月のニューヨークでも、集会に招待されながら、紹介もしてもらえないようなこともありました。被爆者の存在を認めてもらうこと、そして発言の場を確保することが、当時は大変難しかったことを憶えています。

もちろん、被爆者のメッセージを初めから真剣に受け止め、いわば被爆者の代弁者として活動してきたアメリカ人、活動家たちは二三年前にもいました。現在、その数が増えたというのが私の実感です。しかし、問題はその広がりです。二三年前には、まだまだ広島・長崎、そして被爆者についての理解が十分に広まっていなかったといえるのではないかと思います。

ところが今回は、私たちに協力してくれているＮＧＯの関係者たちは例外なく、被爆者とそのメッセージを大切にしてくれています。その結果、多くの集会で被爆者の証言が中心的な役割を担うようになってきています。

一例として挙げておきたいのは、平和問題や人権・環境などの問題について、長い間、忍耐強い努力を続けてきたクエーカー教徒の団体である「American Friends Service Committee」が、「被爆者・被団協」を、今年のノーベル平和賞に推薦してくれていることです。また、今回のニューヨークでの催し物の中には、被爆者に焦点を当てたり、今後の被爆者の活動に対しての資金援助を目的としたりするものもあります。二〇年の間に、アメリカ人すべてではないにしろ、アメリカの中に大きな変化が起きているのです。

なぜ、これほど大きな変化が起きたのでしょうか。これだ、という簡単な理由はないような気がします。しかし、多くの人々、特に被爆者のたゆまぬ努力の結果であるのは確かです。あえて、いくつか気のついたことを挙げておきたいと思います。

何といってもまず、世界中の至る所で、多くの被爆者が証言を続けたことを強調しておかなくてはなりません。多くの人にそのメッセージが伝わるまでには、時間がかかります。忍耐強く語り続けた一言一言が、それを聞いた人の胸を打ち、さらに多くの人に伝わっていくための時間です。言葉に加えて、被爆者の描いた被爆当時の絵によって、通常の想像力ではとても想像できないほどの惨禍が、多くの人々に伝わったことも大切だと思います。広島はもちろんのこと、世界中の多くのジャーナリストが、被爆者の声を取り上げ続けたことも重要です。手前味噌になりますが、広島市と長崎市が世界で開いている原爆展にも、それなりの効果があったと思います。その他の多くの団体や個人も、原爆展を開催する努力を続けています。

もう一点、特に強調しておきたいことがあります。それは、この二五年ほどの間に、アメリカやカナダなどの多くの子どもたちが、佐々木禎子さんの物語を読み、折り鶴を折ることで、被爆体験や戦争と平和について理解を深めてきたことです。

一つのきっかけになったのは、エリノア・コアーさんという作家が一九七七年に出版した、「Sadako and the Thousand Cranes」(『禎子と千羽鶴』)という本です。今や、この本ならびにその後作られた映画などが、アメリカやカナダなどでは、小学校の標準的な教材の一つになったといってもよいくらいに普及しています。海外で活躍している日本人、特に、フランス、マラコフ市の美帆・シボーさんや、アメリカ、シアトル市の美智子・パンピアンさんら女性の手で、映画やコンサート、講演その他のイベントという形で、さらに多くの子どもたちに禎子さんのメッセージが伝わったことも重要です。

その他の芸術活動も多く展開されています。ここに書き切れないほど多くの人々の努力があってはじめて、私が感じているような変化が起きているはずです。このあたりのことを詳しく調べて、どなたかが感動的なノンフィクションにまとめていただけるとありがたいのですが。

さて、二三年前と今回の違いで誰もが気づくだろうことは、規模の差です。二三年前は、百万人がニューヨークを埋め尽くしました。今回は何人集まるのか、未だはっきりとはわかりません。しかし、百万人にはならないだろうと思います。だから今回はニューヨークに行く意味はない、と言ってしまうのは早計です。なぜ、このような違いが出るのかを考えなくてはなりません。

私見では、二三年前のデモや集会は、それを目的にした大きな運動があり、その運動の成果だったと思います。それに対して、今回は、この「運動」に相当する部分がこれから始まるのだ、という違いがあるのです。

たとえば、同じく二三年前に設立された平和市長会議（設立当時の名称は、「世界平和連帯都市市長会議」）が二年前に決定し、推進している「2020 Vision」（日本語では「核兵器廃絶のための緊急行動」）は、二〇二〇年までに核兵器を廃絶することを目的としている行動計画です。中間目標として、国連が二〇一〇年までに核兵器禁止条約を締結することを掲げています。そして、今年の再検討会議では、各国が核兵器廃絶の方向で交渉を始めることを決めるよう提案しています。つまり今年は、これから一五年間は続く大きな運動の出発点に当たるのです。

二〇二〇年までに核兵器を廃絶させるために、今年の五月をきっかけとして、さらに多くの人々が、私たちの運動に参加してくれることを期待しています。

二三年前と今年では、まだまだ多くの違いがあります。各国政府や国連に駐在している政府代表の対応の大きな変化も、その一つです。その変化には、NGOそのものが国際社会で認知されるようになったという、より大きな枠組みの変化が影響しています。日本の外務省の対応も、大きく変わってきています。

二三年前に国連の日本代表部を訪れたときには、「被爆者がアメリカまでやって来て、アメリカ人の嫌うことを言い回るのは迷惑だ」と言った外務省のお役人がいました。今回は、そんなことはまったくありません。過去数年にわたり、ジュネーブの国連本部では、当時の軍縮大使、猪口邦子・上智大学教授に大変お世話になりました。後任の美祢大使も、被爆者、そして広島・長崎について理解の深い方です。また、昨年、今年とニューヨークでは、阿部信泰・軍縮担当事務次長をはじめとして、日本代表部の皆さん、その他の国の代表部の皆さんが、私たちと被爆者の声が世界に届くよう、陰に陽に手を差し伸べてくださっています。

これだけですべてがうまくいき、私たちが望んでいるような成果が得られるのであれば、問題はありません。しかし、現実はおそらく厳しいと思います。

これからの一五年間に、核兵器を廃絶するという目標を達成するためには、どうすればよいでしょうか。これまでの多くの人々の勇気と善意、そして努力によって創られ、積み上げられてきた成果に感謝するとともに、その意味を確認し、その上に新たな夢と現実性を盛り込むという、忍耐強い作業を続ける以外に方法はありません。その第一段階に、ようやく私たちは到達しようとしています。本当の仕事はこれから始まるのです。

被爆六〇周年にもらった貴重な贈り物――平和記念式典、そして平和市長会議総会

2005.8.10.

被爆六〇周年の「広島市原爆死没者慰霊式並びに平和祈念式」が無事終わりました。なかには、この式典を退屈だと感じる人もいるようです。しかし、初めてこの式典に参加した人、特に欧米系の外国人の場合、「感動的な式典だった」、「この式典に参加するためだけの目的で広島に来ても、十分それだけの価値がある」といった手放しの評価をする人が大多数です。

それは、六〇年近く、私たちの先輩が苦しみと悲しみの中から創り上げてきた式典であることが大きな理由だと思います。広島の式典と長崎のそれとは規模以外にもかなりの違いがあります。その違いとそれぞれの特徴が、式典の意味をわかりやすくしていると感じているのは私だけではないと思います。今年は特に、広島の式典の素晴らしさと、広島と長崎との違いに大きな意味のあることを改めて感じる年になりました。

その理由の一つは、平和市長会議の第六回総会が、八月四日から六日まで開かれたことにあります。そのために来広し、八月六日の式典に参加してくれた海外の都市の市長や代表が多かったのです。

平和市長会議には、正式の登録数では全部で二四三名が参加しました。そのうち海外からは一九カ

国、五四都市、また四団体から一四四人の参加がありました。欧州議会も数に入れると、一四カ国から一八人の政府代表が参加してくれました。日本国内からは三八都市、六一人、そのほか七つのNGOから二〇人の参加があり、全体で二四三人になります。

大変ありがたかったのは、五月にニューヨークで開かれた核不拡散条約再検討会議に参加してくれた多くの都市の市長や代表が広島まで足を運んでくれたことです。ドイツのハノーバー市やフランスのマラコフ市、ロシアのボルゴグラード市、イギリスのマンチェスター市、ニュージーランドのクライスト・チャーチ市等々、地方自治体の財政状況が世界的に厳しい中、それでも広島まで来てくれたのです。そしてその中のいくつかの都市は、長崎まで足を伸ばしてくれました。

この事実は、被爆六〇周年の意味、そして平和市長会議とその目的の大切さをこれらの都市が肝に銘じている証にほかなりません。モントリオールのトランブレー市長は、ニューヨークには来てくれましたが、広島には来られない

アピール文を読み上げる（平和市長会議総会）

ことが確定した時点で、駐日公使に自ら電話を架けて、「どうしても行けなくなって申し訳ない」というメッセージを私宛に公使が直接伝えてほしいとの要請をしてくれました。それほど今回の総会と式典を大切に考えてくれているのです。

実は、二年前にイギリスのマンチェスターで開かれた平和市長会議の理事会で、一年のうちにニューヨークでの再検討会議と八月に行われる総会と、二度も海外出張することは多くの都市にとって大きな負担になるはずなので、ニューヨークで総会を開くことにしたらどうだろうか、という趣旨の発言をしてみました。それに対する各都市の反応は実にはっきりしていました。それは、「六〇周年の八月六日に広島に行かないことなど考えられない」というものでした。

また、今回、スリランカからは一二の都市が参加してくれました。どの都市の市長も、開口一番、「ツナミへのお見舞金をありがとうございました。大変助かりました。今回はそのお礼を直接言うために広島に来ました」と感謝の気持ちを伝えてくれました。昨年一二月のツナミの後、市民の皆さんから寄せられた約二、二〇〇万円の義援金のうち、一、〇〇〇万円は、平和市長会議に所属している六つの都市に被害状況に応じてお見舞金として贈りました。内訳は、二都市に三〇〇万円、四都市に一〇〇万円です。市長たちはそのお礼を言いに来てくれたわけです。現在では復興もかなり進んでいるとのことでした。

「贈り物」といえば、フランスからは平和記念公園前の「平和の門」、全米市長会議からは原爆ドーム対岸の特製「ベンチ」、ドイツからは大作家マリー・ルイーゼ・カシュニッツさんの詩の直筆原稿といった貴重な贈り物をたくさん頂戴した夏でもありました。それぞれ広島の宝物として大切にしていきたいと考えています。

このように熱心な海外からの参加があったことは、平和宣言の内容にも反映されています。広島市民として平和のメッセージを世界に発信するだけでなく、平和市長会議の立場からどのような行動をとるのかに言及していることが良い例です。それは平和市長会議でも確認された点です。そのうち数点をここで紹介しておきます。

まず、二年前から行動に移している「核兵器廃絶のための緊急行動」の最終目標である二〇二〇年までの核兵器の全面廃絶と、中間目標である二〇一〇年までの核兵器禁止条約の締結を再確認しました。そして、これらの目標達成のための具体的なプログラムを策定しました。

このプログラムの大切なポイントは次の三点です。一つ目は、今年の八月六日から来年の八月九日までを「継承と目覚め、決意の年」と位置づけ、核兵器廃絶のための世界的な運動を展開すること。二つ目は、一〇月に開かれる国連総会の第一委員会（軍縮などのテーマを扱う委員会）で、核兵器のない世界を実現し維持するために何をすべきか、またどのような計画を立てるべきかを検討する特別委員会を設置するよう働きかけること。そして三つ目は、加盟都市も増え、国際的にも活動の幅が広くなった平和市長会議の事務局を充実強化すること、そのための資金集めにも努力すること。

各都市とも、この方向については全面的に賛成でした。たとえばニュージーランドの数都市からは、帰国し次第、早速資金集めのための活動を開始する、また国際事務局の設置や運営についても積極的に協力したいという意思表示がありました。それだけではありません。アメリカ、ロシア、イギリス、フランス、ドイツ、イタリア、ベルギーなどの都市からも建設的な提案が続々届いています。

マスコミの報道だけで世界の動きを判断すると、五月の核不拡散条約再検討会議で最終文書が採択されなかった、だからすべては絶望的だ、といった状況に世界があるようにさえ思えてきます。しかし、世界の大多数の市民の声を代弁している都市の考え方は違っています。「核兵器は廃絶しなくてはならない」が世界大多数の声であり、その声の代弁者である都市、そして市長がそれを実現するために努力することは当然だ、という認識が基礎にあるからです。

いうまでもなく、世界の大多数の人は人類の存続を望んでいます。地球の存亡に関わるような問題は、その大多数の人の声によって決められなくてはなりません。こうしたことを世界的なレベルで決める国連などの仕組みが、人々の声を反映しないシステムになっているのなら、これまた大多数の声で変えていかなくてはならないのです。

この考え方は、五〇年前に発表された「ラッセル・アインシュタイン宣言」に次のような趣旨で表現されています。

人類が核兵器を廃絶するか、核兵器が人類を滅亡させるか、その選択は私たちに懸かっている。

希望の見つけ方——数学教育協議会での質問に答えて

2005.8.25.

数学教育協議会の第五三回全国研究大会が、今月の八日から一〇日まで鈴峯女子短大のキャンパスで開かれました。八日の夜には画家の安野光雅氏、大妻女子大学教授の野崎昭弘氏、音楽家の森ミドリ氏によるトークショウが県民文化センターで開かれ、多くの市民が参加しました。

この大会の最終日に、平和と数学をテーマにした「対談」に参加させてもらいました。かつて大学時代に函数論を教えていただいた野崎昭弘先生と私が、「対談」という形で平和と数学、あるいは数学的な考え方と平和の考え方などについて話をしました。数学を専攻し、数学を愛し、数学を教えるという共通の経験をもつ人たちの集まりでしたので、久しぶりに安心して話をすることができました。

会の最後に、「現在の世界情勢、社会情勢をみると絶望的にならざるをえないと感じている人が多いのではないか。そんな状況の中でどのように希望を見つければよいのか」という趣旨の質問がありました。これは答えるのが難しい質問です。その理由の一つは、いくつかの視点からの答えが可能だからです。たとえば、現在の世界状況を多くのマスコミ報道などとは違った角度から分析して、だから希望をもつことはできますよ、希望をもちましょうと提案することも一つの答え方です。平和市長会議の活動やそれを支持してくれている世界の市長、市民、NGOなどの報告をすること自体、すでにこの視点からのアプローチの具体例だと思います。野崎先生との対談の中で私が強調したのもこの点でした。

しかし、質問された方が聞きたかったのは、単純すぎるという形容詞が付くほど楽観的な核兵器廃絶論を繰り広げている私自身が、どのような形で希望を見つけているのか、あるいは、どのような動機で世界の市長たちが核兵器の廃絶に立ち上がったのかといった、ある程度個人的なレベルでのエネルギーの持続法、のようなものではなかったのかと思っています。

本論に入る前にという位置づけで、なぜ希望を見つける必要があるのかを、一つの視点——私はこの視点がとても大切だと考えているのですが——から確認させてもらいました。それは、希望があるかないかによって、核兵器廃絶のための私たちの行動を変えるべきではない、ということです。それは、核不拡散条約再検討会議で良い結果が出たかどうかで私たちの行動を決めるべきではない、ということでもあります。つまり、私たちを取り巻くさまざまな状況が私たちにとって好ましいものかどうかによって、核兵器廃絶運動をどの方向にもっていくのかを考えないほうがよいだろうということなのです。

もちろん、変化の方向は大切です。しかし往々にして、状況が悪いとがっかりして、力が出てこないのが、私たちの日常経験です。しかも、それを当たり前のこととして受け止める傾向があるような気がします。しかし、本当にそれでよいのか、疑問があります。

その理由は、前回触れたラッセルやアインシュタイン、その他多くの識者が指摘してきた事実、「人類が核兵器を廃絶するか、核兵器が人類を滅亡させるか、その選択は私たちに懸かっている」にあります。状況が悪いときこそ、核兵器を廃絶するための努力をなお一層強めなければ、私たちの目的は達成できないからです。希望が見えなければ、いや見えなくても、私たち自身で希望を見つけて努力を続ける必要があるのです。

では、どのようにすれば希望は見つかるのでしょうか。ここからが本論だったのですが、一〇日には時間がなくなり答えられませんでした。以下、私の言いたかったことを簡単にまとめたいと思います。

心理学において、またベストセラーになっている人生の指南書の類の中で、多くの人に希望を与える鍵になっているのは、そして私自身、励まされてきたのは、おそらく究極的といってもよいほどの絶望的な状況の中でなお人間性を失わずに生き続けた被爆者やナチスの収容所からの生還者の生き方であり、希望の発見の仕方です。なかには、一見、私たちの日常的感覚からすると英雄的には見えないような事柄もあります。しかしそれでも、人により、場所や時により大きな勇気と希望の種になっている不思議さがあります。

八月五日付の朝日新聞に載った安佐北区の小島繁美さんの投書はその一例です。小島さんに希望を与えたのは兄妹の会話です。

昭和二〇年の八月七日の昼下がり、広島市・宇品港の岸壁近くの砂地でいつ出るともあてのない島まわりの船を待っていた。——中略——ふと気がつくと、近くの草むらで人声がした。きょうだいらしい二人。妹は一三歳前後。兄は二、三歳年長か、着衣はボロボロでかなりの重症と見えた。妹は外傷が無いようで、自らの身体で日陰をつくって兄を気遣い、話しかけていた。

「お兄ちゃん、帰ったら母さんに『おはぎ』を作ってもらおうね」。——中略——最高にぜいたくで幻の食べ物だった「おはぎ」という言葉に、現実に戻され、希望を与えられた。

この短い文章からは、小島さんが希望を見つける心の動きとともに、兄妹の気持ちまで伝わってきます。お兄ちゃんはおはぎが好物だったのでしょう。それをよく知っている妹は、頼りにしているお兄ちゃんに元気になってもらいたくて、そのお兄ちゃんと一緒に家に帰りたくて、おはぎの話をしたのではないでしょうか。船を待つわずかな間、おはぎのイメージがこの兄妹に大きな希望を与え、それが小島さんにも伝わったのです。お二人が家に無事辿り着いていますように、小島さんとともに今でも祈っています。

この話は、ヴィクトール・フランクルが著書、『Man's Search for Meaning（意味を求める人間）』の中で述べていることにもつながっています。あまりにも過酷な運命に絶望する人が次々と死にゆく収容所の中で、それでも生き残った人たちに共通していたのは、収容所から解放された未来の自分の姿を具体的なイメージとして描けたという点だったと彼は観察しています。未来を描ける力といってもよいのかもしれません。その未来をおはぎに託すことのできた少女の知恵は、現在の私たちにも伝わっているはずです。

おはぎがあまりにも即物的だというのなら、たとえば朝顔の種を蒔くという手もあります。毎朝、朝顔がいくつ咲くのかを楽しみにするのも未来を描くことにつながります。

もう少し俗世間的な次元で考えると、愚痴を聞いてもらいたくなるようなときは誰にでもあるはずです。相手が誰でもよいということにはならないでしょうから、たまには愚痴を聞いてもらえるような家族関係をつくっておくことが必要だということになります。となると、「世界平和は家庭の平和から」という、半分は自戒の意味で使われている言葉が別の意味をもってくるように思います。

こうしたいくつかの可能性が示唆しているのは、フランクルの言葉を再度借りれば、「人間が心から願い望む最高の目的は愛であるという真実」ではないでしょうか。と、ここまで書き進めてきて改めて気づいたのですが、これまでは、意識して「愛」という視点から「原爆」あるいは「被爆者」を考えるということはあまり行われてこなかったのではないでしょうか。被爆体験の非人間的極致を考えれば当然ともいえるかもしれません。しかし、被爆体験をより広く理解してもらうため、また核兵器廃絶へのエネルギーをもっと高めるためにも、「愛」という視点をもっと前面に出して被爆体験を見つめ直すことがあってもよいような気がします。

2　ヒロシマから訴える

――核廃絶運動

「ヒロシマ」の平和と広島の自動車 ――ソウル・パリ・ジュネーブ（その一）

2003.5.10.

四月の二〇日から五月一日まで、韓国のソウル、フランスのパリ、そしてスイスのジュネーブに出張してきました。その成果については、五月二日に記者会見でかなり詳しく報告しましたので、広島市のホームページでもご覧いただけます。このコラムでは、各都市を訪問する際に私たちがどんな「地図」を頭の中に描いていたのか、また、各都市で私たちはどんな雰囲気の中で仕事をしてきたのかなど、「公式発表」に盛り込むことがちょっと難しい事柄に触れてみたいと思います。

ソウル訪問の目的は、今、広島で立ち上げつつある広島自動車デザイン開発会社（仮称。以下、「デザイン会社」と略します）と、韓国の自動車メーカーとの連携協力関係づくりのきっかけをつかむことでした。デザイン会社の概要や、具体的な事業内容などを説明しましたが、韓国側からの反応は大変良かったというのが私の印象です。

その理由の一つは、世界の自動車産業を取り巻く環境についての共通認識があったからではないかと思います。たとえば、二一世紀の自動車産業が中国市場を中心に展開するとみられることに関連して、市場主導型の産業になりつつあるということです。一口に中国市場といっても、「United States of China」という形で中国をみている大前研一氏のような識者のいることからも明らかなように、その特徴の一つは多様性です。中国市場だけでなく、日本の自動車市場も世界の自動車市場も、ますます多様化しつつあります。その多様性に対応する上で、基本になる車はメーカーが作り、より多様なスタイルを広島のデザイン会社が産み出していくというのが、私たちの提案です。その提案が、時代の流れに沿うものだからこそ、好感をもって受け入れられたのだと思います。

パリとジュネーブでの会合は、核兵器の廃絶をめざす世界の人々にとって、被爆者、そして広島の存在がいかに大きいものなのかを、改めて確認する機会になりました。フランスの国立研究教育機関であるパリの政治学研究所では、来年の春、「広島・長崎講座」を開講することになっています。（準備等の都合で、開講は二〇〇六年に延期されました。）その内容について、また、核兵器を廃絶するためにＮＧＯがどのような役割を果たすべきかについて、検討するためのシンポジウムを四月の二三日と二四日に開きました。フランスをはじめ、

ＮＰＴ再検討会議準備委員会（ジュネーブ）で

イギリス、日本の学者や政治家、ＮＧＯ関係者がパネリストでした。なかでも一番感動的だったのは、被爆者である池田精子さんのスピーチでした。ご自分の被爆体験から出発して、なぜ核兵器を廃絶しなくてはならないのかを説得力をもって語る姿は、出席者一同に大きな感動とこれからの活動へのエネルギーを与えました。

残念なことに、被爆者の皆さんの証言を、このような形で世界中の多くの人たちに直接聞いてもらえるチャンスは、だんだん少なくなってきています。だからこそ、広島市としては、被爆者のメッセージを学問的に整理し、その成果を「広島・長崎講座」として、世界中のできるだけ多くの大学で開講してもらうための努力を始めたのです。日本国内でも、積極的に取り組みを始めてくれている大学が多くあります。世界的にももっと多くの大学が協力してくれるよう、今まで以上の働きかけをしていきたいと考えています。

ジュネーブの国連欧州本部での核不拡散条約再検討会議準備委員会（通常、国連やＮＧＯ関係者の間では NPT PrepCom と呼ばれていますが、以下、「委員会」と略します）では、四月三〇日にＮＧＯ代表のプレゼンテーションが行われました。全部で一二のＮＧＯ代表が発言しました。私も、国連で正式に認められているＮＧＯである、平和市長会議の会長として演説を行いました。まず、被爆者のメッセージに込められている「ヒロシマ」の基本的な考え方を簡単に要約しました。それから、世界情勢についての認識を確認し、核兵器廃絶に至る道筋を具体的に提示しました。最後に、ヒロシマも平和市長会議も、これまで以上の努力をする決意表明を行い、同時に、国連やＮＧＯが今まで以上に努力をしてほしい旨、要請をしました。各国代表やＮＧＯの代表からの反響は大きく、「スタンディング・オベーション」——日本語には訳しにくいのですが、起立して拍手することを指します——がしばらく続きました。

この委員会の開かれる前、二五日から、すでにいくつものＮＧＯの会議が開かれていました。その中で痛感したのは、ほとんどのＮＧＯが、現在の核不拡散条約（ＮＰＴ）をめぐる国際的な状況は危機的だと感じているということでした。ＮＰＴの基本的な考え方を無視してきたアメリカや、ＮＰＴから脱退した北朝鮮がその象徴です。今、ＮＧＯが新たな方向を示し具体的な行動をとらない限り、ＮＰＴの未来は暗い、と考える人たちが多いことに驚きました。そして、その人たちの期待が、ヒロシマのイニシャティブや平和市長会議の具体的な行動にかけられていることを、直接、ＮＧＯの代表者たちの口から聞くことができました。

平和という伝統的な面だけではなく、自動車産業の新たな展開といった面でも広島への期待が大きいこと、同時に、広島がこうした世界の期待に応える使命をもっていることを痛感した海外出張でした。このような使命を果たすことで、広島の新たなアイデンティティを確立したいと思います。そのための具体的施策を、今まで以上に強力に推し進めていきたいと考えています。

外国の川と橋、そして旗――ソウル、パリ、ジュネーブ（その二）

2003.5.25.

前回に続いて、ソウル、パリ、ジュネーブへの出張の報告をしたいと思います。

私はアメリカに長く住み、かなりの数の国々を訪れています。しかし今でも、外国に行くたびに刺激を受け、新たなことに気づき、とても勉強になっています。目的が観光でもビジネスでも、あるいは留学でも、そして期間が短期・長期にかかわらず、外国に出かけることで、普段とはまったく違う景色、人、行事を、見たり聞いたり体験したりすることができるからだと思います。その結果、普段はあまり気に留めていなかった事どもについても、自然と気づくことが多くなるのだと思います。

それほど肩肘を張る必要はないのかもしれませんが、今回の出張でも印象に残ったことがいくつかあります。簡単に報告しておきます。

ソウルではいつものことなのですが、今回も交通渋滞が大問題でした。寝ている時間以外では、渋滞に巻き込まれていた時間が最長だったような気がします。それも、実際にその場に行ってみないと、渋滞しているかどうかがわからないのです。つまり、予測ができず、計画が立てられないのです。これは困りものです。渋滞の可能性があるため、その分早く出発する、たまたま渋滞に巻き込まれずに訪問先に到着する、しかし余った一時間を有効に使うことができない。そんな経験が今回もありました。都市の機能という点からみて、他山の石になる経験でした。

ですからここでは、渋滞する車から見たソウルの印象を伝えます。まず元気づけられたのは、この渋滞を利用して、食べ物や花、新聞などを売る道路沿いのビジネスが自然に立ち上がっていたことでした。世界共通の現象ですが、人間のたくましさを示しているような気がしました。もう一つ印象深かったのは、川や河岸緑地がうまく利用されていることです。川に沿ったマンションや住宅が、川とうまく調和しているのです。水の都を標榜している広島市としては、川の利用という点では侮れない競争相手だと思います。

パリは、私の好きな都市の一つです。しかし、その街並みの美しさは、自然にできたものではありません。今から一五〇年ほど前、時のナポレオン三世の治世下、辣腕《らつわん》の都市計画家だったオースマンが、当時としては画期的な資金集めの方法を考え、放射状の道路と、その中心になる広場を組み合わせて造ったものなのです。

今回の訪問では、そのオースマン以来の大開発だという触れ込みの、パリ市東側の左岸地区、そしてバーシー地区における再開発を見ることができました。バーシー地区では、昔のワイン・セラーをうまく生かした、センスの良い新しい商業施設がありました。その中に、パリでは中華料理を凌《しの》ぐほどに人気の高くなった日本料理のレストランがあったりと、パリの新しい顔になりつつある地域の活気を感じました。左岸地区の開発は、中心にある鉄道のヤードを地下化して、その上に新たに街を造るという計画です。広島の貨物ヤード跡地の活用と似ていることに不思議さを感じながら、現在進行中のプロセスを見てきました。

開発担当者が強調していたのは、この開発計画を進めるにあたって、多くの市民団体の考え方を丁寧に取り入れているということです。担当者が何度も、「時代が変わったから可能になった」と強調していたことが、非常に印象的でした。パリでは大きな公共事業の場合、そのプロジェクトに関して、議会が主催する公聴会が必ず開かれるそうです。「変わった」のは、この公聴会の勧告で、市民団体も

美しい橋の例（サン・ミッシェル橋）

参加する形での「協議会」を設け、その意見を尊重しなくてはならなくなったという点です。

しかし、私にとってより新鮮だったのは、それ以前の手続きです。広島も含めて日本の地方都市の議会が、公共事業についての公聴会を開くことはほとんどないように思います。今後の広島市の「変革」の種は、こんなところにもあるような気がしました。

パリの街並みが美しい理由の一つは、橋が美しいことにあります。橋の美しさとは、高欄、つまり手すりの部分もさることながら、それ以上に橋桁の美しさです。広島市の橋もそうですが、日本の橋のほとんどは、この橋桁の部分にまったく関心を寄せずに設計されています。川の側から見れば、すぐにおわかりいただけるはずです。ほとんどの橋の橋桁は、重さを支える鉄骨、つまり鉄の構造物にペンキを塗っただけ

美しくない橋の例（常葉橋）

の、味も素っ気もない姿をしているのです。ですから、川から見た橋の姿は悲惨です。数年前、ロンドンの橋の写真をもとにこの点を指摘してくださった市民の方も、同意見でした。ロンドンの橋と同じように、あるいはそれ以上にパリの橋は美しいことを、今回、改めて感じました。

実は今回のパリ滞在中、少し意地悪く、日本の橋と同じようなたたずまいの橋を見つけようと、橋には注意をしていたのです。しかし、そんな橋は一本も見つけることができませんでした。唯一、それに近かったのは、パリから東隣りの町に出る辺りにあった高速道路です。日本の高速道路と同じ形で、橋桁に相当する部分は、緑のペンキが塗られた鉄骨がむき出しでした。

パリを訪れて芸術に触れないで帰ってくることは不可能です。今回の訪問では、最近読んだ藤田嗣治画伯の伝記（『藤田嗣治――「異邦人」の生涯』、近藤史人著、講談社刊）で触れられている、エコール・ド・パリの画家たちの作品を見ることができ、心が豊かになったような気がしました。たまたま、シャンゼリゼの近くにあるジャクマール・アンドレ美術館で開かれていた、「カイユボットからピカソまで」という特別展を観ることができたのです。「エコール・ド・パリ」を旗印に活躍したヴァン・ドンゲンやキースリング、ユトリロ、スーチン、そして藤田嗣治の作品に触れることができました。一人残らず、パリの出身者ではありません。いや、百パーセント外国人なのです。その異邦人の画家たちがパリに受け入れられ、パリを中心に活躍し、結果としてパリの名声を高めた歴史から、広島も大いに学ばなくてはならないと感じました。

ジュネーブについては、飛行機から見たアルプスの雪、春を迎えた畑の色、そしてレマン湖の噴水が印象的でした。ホテルに着いたとたん、散歩をしたくなるような街でした。しかし、国連本部（フランス語ではパレ・デ・ナシオンです。こちらのほうが有名かもしれません）の印象はまったく違ったものでした。外から訪れた人間にとって、どこにどんな部屋や施設があるかさえわからない国連欧州本部からは、ＮＧＯなどの市民的な参加を必ずしも歓迎しない姿勢を強く感じました。にもかかわらず、その市民たちの声によって国連も世界も動くようにならない限り、地球の未来は危ういという感慨をもったのは、私だけではなかったように思います。

早朝に目覚め、ホテルの窓の外を見ると、橋の高欄には、平和を願う多くの白い旗が輝いていました。国連とは異なる政治的な組織であるジュネーブ市が、市民の意思を形にするために掲げた旗です。その意思を今、私から皆さんにお伝えします。ジュネーブでは、旗を掲げるという単純な行為が、崇高かつ希望に満ちたメッセージを伝えているのです。そのジュネーブと広島が、さらに強い絆で結ばれる必要があることを感じたひとときでした。

海外出張の意味、そして報告（その一）――インドとパキスタン

2003.11.10.

前回は、再び海外出張のため、休ませていただきました。こう書くと、年がら年中、海外出張ばかりしているような印象を与えてしまうかもしれません。実際は、大まかに数えて、毎年、平均二〇日ほどです。他の政令指定都市と比較しても、回数も日数も多くはないようです。しかし、その内容や成果については、市民の皆さんに誇りに思っていただけるレベルであると自負しています。

経済や街づくりについての成果は別の機会に譲りますが、平和関連の仕事については、広島市は、世界の都市の中でも特別の役割を果たしています。少し大上段に振りかぶった表現をすれば、人類が再び核兵器による被害を出さないために、広島市ができる限りの努力をする使命を負っている、といっても過言ではありません。その使命を果たすために広島市は、「ヒロシマの心」、すなわち被爆者の体験とそれに基づくメッセージを世界に伝えようとしているのです。

さらに付け加えれば、そのための有効な手段の一つとして、市長が海外に出かけて各国の政界や経済界、言論界などのリーダーたち、また、平和活動家たちと直接対話をし、広島のメッセージを伝え

ることが大事なのです。

同時に、少なくとも私自身にとっては、海外出張は素晴らしい勉強の機会にもなっています。また、こうして学んだことすべてを、市民の皆さんと共有したいとも思っています。今回はそのうち、特に印象深かったことを二、三、報告させていただきます。

今回は、インドとパキスタンについての印象です。両国の関係が悪いことは、皆さんもご存じの通りですし、私も当然、知っていました。しかし、隣国同士である両国の間を直接行き来することができず、しかもお互いの国の上を飛ぶことさえできないという事実、その不便さと異常さは、この両国を同じ時期に訪問したいと考えるまで、「現実」として感じることはできませんでした。

インドとパキスタンの関係は、私たち自身の問題でもあります。同時に大切なのは、両国と日本との地理的・文化的な距離のおかげで、私たちは、両国をある程度客観的に見つめられることです。その客観性をも

インドの記者クラブにて

って日本と近隣諸国との関係を考えることで、インドとパキスタンの関係が、他山の石として、大変貴重であることを改めて痛感できたのです。

また、この両国には、核兵器のもたらす悲しみや苦しみが、まったくといってよいほど伝わっていません。核実験に成功したというニュースに、両国の市民が小躍りしていた映像を、改めて目の当たりにしたような気がしました。多くの市民にとって、核兵器は、国家としての誇りの象徴以外の何ものでもないのです。その証拠に、イスラマバード市内の目立つ所には、原寸大のミサイルの模型が飾られていました。

さらに、マスコミに代表されるオピニオン・リーダーたちの多くは、アメリカ式の「力の支配」という考え方に染まっていました。また、インドには、ガンジーの残した伝統が今でも生きていると思い込んでいた私は、若い世代のインド人がガンジーをほとんど忘れていることに、衝撃を受けました。そして、被爆者のメッセージこそ、ガンジーの精神そのものであることを強調しながら、非常に複雑な思いを抱きました。

それでも、インドとパキスタンから希望をもって帰ってこられたのは、数は少ないかもしれませんが、広島からのメッセージを真剣に受け止めてくれる人たちがいたからです。また、被爆者のメッセージやガンジーの精神を、さらに広めるために必死で努力をしている人たちに会えたからです。そうではない人たちであっても、広島市長に対しての最低限の礼儀は守ってくれました。その事実はやはり重いと思います。

また、私が接触した大学関係者のすべてが、「広島・長崎講座」の開設提案に前向きに対応してくれました。両国の文学者や平和活動家の多くも、両国の和解のために、また核兵器の廃絶のために、懸命な努力をしています。

たとえば、「平和と民主主義を求めるパキスタン・インド国民会議」というNGOのリーダーの一人は、自らの働く大学の学長を説得して、私の大学訪問を実現させてくれました。その努力によって、初めはあまり関心のなかった大学内の人たちの態度が変わり、昨年、彼女が公休をとって広島を訪問することに賛成してくれたのです。こうした人々の努力の結果、私は、両国の主要閣僚に会えることになりました。

つまり、インドのフェルナンデス国防大臣、およびパキスタンのカスリ外務大臣、そして科学技術大臣との会見です。彼らの発言は、割引きして聞く必要はあります。それでも、私に広島訪問を約束してくれました。特にカスリ外務大臣は、すべての国が一緒に核兵器を廃棄することには、全面的に賛成だと言ってくれました。また、新藤兼人監督が提案している被爆直後の映画についても、この映画を世界的に広めるためのアイデアを積極的に語ってくれました。

それにしても、両国の貧富の差の大きさ、にもかかわらず核兵器の開発に走る姿勢に、国家のあり方そのものについての疑問を感じました。こうした世界を変えていくためには、市民一人ひとりの積極的な活動以外には有効な方法がないのではないかという感慨を深くしています。この点については、イギリスでも同じように感じました。イギリスでの感想、また、平和市長会議の成果の報告は、次回にお届けします。

海外出張の意味、そして報告（その二）――イギリス・リーズ市の「Together for Peace」

2003.11.25.

平和市長会議は、四年に一度、総会を開きます。その中間年には理事会を開いて、会の運営などについての決定をします。今年がその年に当たり、理事都市の一つであるマンチェスター市で理事会が開かれました。

ご存じのように、マンチェスター市は、イギリス北西部にある、ロンドンに次ぐ大都市です。人口は二六〇万で、周辺も入れると一、〇〇〇万ほどの人々が住んでいます。工業や運輸の中心地であったため、第二次大戦中には、ドイツ軍による空襲で大きな被害を蒙《こうむ》っています。

さて、今回の理事会の議題は、二年後の総会の開き方、そして、核兵器廃絶のための緊急行動計画の承認でした。総会はこれまで、八月六日を含めた日程をまず広島市から始め、その後、長崎市に移動して、八月九日の式典に参加して終了することになっていました。しかし、次回からは、広島市と長崎市が四年ごとに交代で開催することになりました。ちなみに、二〇〇五年の当番は広島市です。

核兵器廃絶のための緊急行動計画は、満場一致で採択されました。一一月二二日から二四日まで長崎市で開催されたNGO会議において、世界のNGOに呼びかけることで、緊急行動計画は正式に出発する運びとなりました。出発点になる文書として、マンチェスターの理事会で採択された決議文を、以下に掲げておきます。

核兵器廃絶の推進に関する決議文

核軍縮における全般的な進展の欠如と、国際的な核兵器不拡散条約（NPT）体制に対し現に起こりつつある脅威に関する危機感を基に、平和市長会議は、二〇〇三年一〇月一七日及び一八日に理事会を開催し、NPT再検討プロセスを中心とする「核兵器廃絶のための緊急行動」を満場一致で承認した。緊急行動は、一一月二二日から二四日に行われる「第二回核兵器廃絶――地球市民集会ナガサキ」において公式のスタートを切る。

マンチェスターでの平和市長会議理事会

緊急行動の最重要事項は次のとおりである。

・複数の市長による代表団がニューヨークのＮＰＴ再検討会議準備委員会（二〇〇四年四月二六日から五月七日）に参加し、政府高官やＮＧＯ代表らと交流、協議する。

・世界中の市長は、核の脅威、広島・長崎の被爆六〇周年及び来たるべきＮＰＴ再検討会議に関する世論を大きく喚起するため、地元で開催される市民イベントを推進する。

・緊急行動は多数の市長、ＮＧＯ代表、市民を二〇〇五年四月下旬のＮＰＴ再検討会議に動員し、同時に世界中の都市で市民運動を行う。

平和市長会議は、核兵器のない平和な世界の実現を願う市民意識を国際的な規模で喚起していくことを目的に、広島・長崎両市の主宰により、一九八二年に設立した都市の集合体である。戦争、とりわけ核兵器によって多大な被害を受け、犠牲を強いられるのは、ヒロシマ・ナガサキが示すように、都市であり、そこに生活する住民である。私たち市長には、平和な市民生活を守るため、戦争の予防とすべての核兵器の廃絶に全力を尽くす義務がある。

設立以来、加盟都市は増加の一途をたどり、現在、加盟都市の総数は、一〇七カ国・地域、五五四都市に至っている。これは、都市を破壊するのではなく、核兵器こそが解体されるべきだという国際的合意が高まっている証拠である。紛争の平和的解決を願う国際世論は、着実な広がりを見せている。
また、二〇〇〇年五月のNPT再検討会議において、「核兵器の全廃に向けた核保有国の明確な約束」を明記した最終文書が全会一致で採択され、その約束をどう実現するかが国際社会の重要課題となっている中、核兵器先制使用の可能性を示唆し、小型核兵器の研究再開により「使える核」を手に入れようとしている米国や、NPT脱退を宣言し、核兵器の保有を公言した北朝鮮、核兵器廃絶のための中心的な国際合意であるNPTに未加盟のインド、イスラエル、パキスタンなど、核保有国や核保有・開発疑惑国の政治的な意思により、NPT体制は崩壊の危機に瀕している。

平和市長会議は、各国政府が信頼の醸成と対話の促進を図るとともに、次のことに積極的に取組み、NPT体制を維持・強化することを強く求める。

(1) 核保有国や核保有・開発疑惑国は、核兵器の開発プログラムを中止し、速やかに核兵器廃絶に取組むとともに、包括的核実験禁止条約（CTBT）を発効させること。

(2) 被爆六〇周年の二〇〇五年にニューヨークで開かれるNPT再検討会議で、締約国は、核兵器のない世界の実現に向けた道筋を示し、二〇二〇年までにこの目標を達成すること。

核兵器を廃絶し、戦争を起こさない世界を実現するため、私たちは新たな決意で市民とともに行動することを、ここに宣言する。

二〇〇三年一〇月一八日

第六回平和市長会議理事会

マンチェスターに先立って、ロンドン市を訪問し、平和市長会議の有力メンバーとして、核兵器廃絶のための緊急行動に積極的に参加してほしいと要請を行いました。リビングストン市長は海外出張中でお会いできませんでした。しかし、平和行政の分野の最高責任者から、全面的に協力する旨の返事をもらいました。どちらが卵でどちらが鶏なのかはわかりませんが、ロンドン市とロンドン市民は一緒になってイラクでの戦争に反対し、国連を通しての平和的解決を強く願い行動しています。今回の訪問で、その秘密を垣間見たような気がしました。

また、ロンドン市の交通政策の担当者から、「コンジェスチョン・チャージ」、つまり「渋滞料金」と呼ばれる渋滞対策について、詳細に話を聞くことができました。市の中心部に入ってくる車から、約一、〇〇〇円の「入市料」を取ることで、渋滞を緩和しようという制度です。ロンドン市では、かなりの時間をかけて慎重に準備をした結果、車の数が約二割も減り、平均時速も三割アップという結果が出ました。市民アンケートでも、約七五パーセントの人がその効果を認めています。広島市でも、同様な成功例であるシンガポールのシステムも参考に、導入に向けての研究を始めることにしています。ロンドン市としても、できる限りの協力は惜しまないとのことでした。

マンチェスター市での平和市長会議理事会を終え、次の日には、車で一時間ほど内陸に入ったリーズ市を訪問しました。リーズ市では、一一月から三カ月の予定で始めた「Together for Peace（共に平和のために）」というイベントの、いわば開会式に出席しました。主な行事は一一月の初めに集中的に開催されるとのことでした。しかし、広島・長崎に敬意を表して、開会式だけを先にするという配慮をしてくれたのです。

そもそも、「共に平和のために」は、一昨年九月一一日以後のアメリカ・ブッシュ大統領の言葉、「どんな攻撃に対しても、対応が必要だ」に触発されて、計画されたものだそうです。「対応」は、「response」の訳ですが、アメリカの「対応」は、戦争をすることでした。それに対して、リーズ市では、「（攻撃といってもいろいろあるが）どの攻撃を考えればよいのか」、また、それに対する「対応」はどうあるべきかを、市民の間で、また議会で議論をしました。その結果、このイベントの柱として、特に開会式において、一九四五年以降、戦争や紛争で亡くなった二、三〇〇〇万人の犠牲者を思い、祈ることにしたのだそうです。

公園での記念植樹、そして、「共に平和のために」の意味を刻んだ石碑の序幕の後、市役所に場所を移して、長崎の伊藤市長と私が、それぞれ記念スピーチを行いました。私は、その初めの部分で、次のように述べました。

「人間の死は、それが兵士の死であろうと子どもの死であろうと、悲しいことに変わりはない。しかし、一九四五年以降に意味があるとすれば、それは戦争のもつ非人間性が、特に顕著になったからなのではないだろうか。その非人間性を許さない決意を示すことが、リーズ市の『共に平和を』の目的であり、それは、『すべての』犠牲者を悼むリーズ市民の心の温かさによって裏打ちされている。」

リーズ市民は、原爆に対する広島の「対応」が、「過ちをくり返しませぬ」であることを十分に理解してくれました。その上で、すべての戦争への「対応」として、犠牲者を思い起こし、平和な世界を創る決意を示してくれました。リーズ市民の志の高さを感じるとともに、このような思いがもっと多くの都市に広がるであろうことを予感しました。まさに、今回のイギリス訪問で私が得た、温かく前向きな印象と見事に重なった一日でした。

日中関係のこれから――都市間の連携を強く、若者の交流を盛んに

2004.9.25.

九月一五日から一八日まで、中国の首都・北京市を訪れました。核兵器保有国に「ヒロシマの心」を届けるための行動である「アクション21」の一環としての訪問です。米英仏露中、それにインド、パキスタンという「公認」の核保有国としては、最後の訪問国になりました。もちろん、これで「アクション21」が終わるわけではありません。形や名称がどうなるかは別として、こうした努力は、核兵器がなくなる日まで継続しなくてはなりません。

今回の北京訪問は、ほぼ一〇年ぶりでした。重慶と上海は数年前に訪問しましたので、これら二都市との比較で、北京の特徴もよくわかった気がしました。到着してみると、あらゆる点での変化に驚きました。まず、空港から市内までの高速道路が整備されたことです。所要時間は短縮されましたが、舗装されていない並木道を通って市内に着く楽しみはなくなっていました。

広島市と姉妹友好都市である重慶直轄市は、まだまだ開発途上という雰囲気が残っています。広島市と自動車関連のビジネスで緊密度が増している上海市は、逆に、超モダンな都市です。北京市はそ

の中間で、近代的な都市としての顔をもちながら、人間味が豊かに残っている街です。

たとえば、片側四車線ほどの広さで整備されている市内の道路は、その外側に、自転車専用道路を並行して設けています。しかし以前ほど多くの自転車が走っていなかったような気がします。それでも、自転車の魅力を感じさせる街になっています。ただし、駐輪と盗難は、北京でも大きな問題だとのことでした。

加えて、道の両側には並木が整然と植えられており、心和《なご》む雰囲気を醸《かも》し出していました。道の広さや緑の多さから、広島の平和大通りを思い出しました。しかし、一つ違っていたのは、平和大通りの大きな樹木のほとんどは、国内の各地や世界中から寄贈されたものであるため、統一性がないということです。平和大通りが、個性豊かで素晴らしい通りであることは間違いありません。ただ、一定の長さにわたり単調さが続く道路の場合、並木の画一性が生きてくるということも実感できました。

北京大学で開かれたＩＰＰＮＷ総会での講演

道路から離れて市街地全体を見渡すと、一〇年前と比べて、超高層ビルが軒並み建ったため、北京市の景観は一変していました。夜の景観も、世界の他の都市と同じように、明るさが特徴の一つになっていました。私が気づいた日本の超高層ビルとの違いの一つは、屋根でした。ニューヨークのエンパイヤー・ステート・ビル、またはクライスラー・ビルがユニークなのは、ビルの屋根、つまり天辺の形です。東京でも、最近できたＤｏＣｏＭｏビルには特徴があります。しかし、平均的な日本のビルの屋根には、あまり特徴がありません。

北京で気づいたのは、多くのビルの屋根が、伝統的な中国スタイルになっていることです。屋根だけではなく、ビルのデザイン全体にも伝統を生かそうという意思が明白に見えました。それが街に安定感を与えています。私が歳をとったために、懐古趣味に陥っているのかもしれません。それでも、伝統を生かそうとする姿勢には好感がもてました。あえて一般化すれば、近代建築のあり方、そして街づくりにおける伝統と創造との緊張について、もう少し伝統のほうに力点を置いてみてもよいのではないか。そんな問題提起にもなっています。

さて、今回の訪問についての報告です。実は、一日目の一五日、関西空港からの出発が大幅に遅れました。青島空港の管制塔に雷が落ちて、北京便にも影響が出たのです。その結果、大変忙しい日程になりました。以下、私の印象を中心に報告したいと思います。

初日の一五日には、中国人民平和軍縮協会の何魯麗（か・ろれい）会長、ならびに数人の幹部の皆さんとお話ができました。中国人民平和軍縮協会は、広島市平和文化センターと一九八六年から交流があり、現在でも毎年、交流団の交換をしています。二〇年にもわたる交流を通じて、広島の立場についても、とても深く理解してくれています。そうした実績を踏まえて、今後も交流を続けること、特にこれからは、青少年の交流に力を入れるべきであることなどについて、合意しました。また、来年のNPT再検討会議に、NGOとして参加してほしいという要望も行いました。

とても積極的な対応をしてくれたのが、中国政府の外交部です。お会いしたのは、劉志賢（りゅう・しけん）軍備管理・軍縮局副局長です。平和市長会議が進めている「核兵器廃絶のための緊急行動」、また、広島市の提案した「広島・長崎講座」や原爆展の開催などについて、はっきり「支持する」という答えをしてくれました。それぞれ、実現までには課題があり、その課題を解決しながら実現していきたいという、私たちの積極的な姿勢が評価されたのだと考えています。

たとえば、「広島・長崎講座」についてみれば、北京大学の教授、学生との話し合いの中で、「ただ広島と長崎の被害を伝えるという内容だけでは、北京大学の学生の中から反対の声が上がるだろう」と指摘されました。そこで説明したのは、これまで世界各地で実践されている「広島・長崎講座」では、広島・長崎の被害だけを伝えるという内容にはなっていないという事実です。大切なのは、歴史や文化、伝統についての深い理解を基盤に、被爆者のメッセージを広げてもらうことです。

現在、東京の国際基督教大学と南京大学で計画中の講座は、「広島・長崎講座」とは別立てになるかもしれません。しかし、「広島・長崎講座」とも連携しながら、日本と中国の若者が、両国を相互訪問し、教授陣の指導のもとに真摯《しんし》なディスカッションを行うことが柱になっています。実は、立命館大学とアメリカン大学、広島市立大学とハワイ大学など、連携している大学間で、すでにこのような形の講座を開いている例は多いのです。「広島・長崎講座」は、その線にも沿った創造的な取り組みだと思います。北京大学とも、そのような形での講座開設に向けて、これから協議を続けることになっています。また、他の大学にも提案をしたいと考えています。

今回の北京訪問で、一番心に残ったのは、日中間にさまざまな問題があることを前提にしつつも、お互い同士を憎む種を撒くのではなく、共通の未来を創るための土台を固めることが大切だ、という認識が広がっていることです。その認識を共有し、その実践のために熱心に努力している人が、若い世代を中心に、日本にも中国にもたくさんいるという事実を、肌で感じることができました。

各都市の市長、そしてNGOは元気です

――アメリカ・ベルギー・ドイツ出張報告（その一）

2005.2.10.

先月の一五日から二三日まで、アメリカとベルギー、そしてドイツに出張しました。時間を有効に使うため、土日をフルに活用して、広島を空ける影響をできるだけ少なくするように努力したつもりです。その結果、大変ハードなスケジュールになりましたが、広島と被爆者のメッセージを多くの人、特に各国の都市の市長、ならびにNGO、さらに政府の代表に伝えることができました。

アメリカでは、まずボストンで、「広島・長崎講座」の集大成として今年四月に開催予定のシンポジウムと、これからの「広島・長崎講座」のあり方、そして広島からの協力体制についての協議を行いました。休日であるにもかかわらず、関係者が協力してくれたのは、彼らの熱心さの現われだと思います。

ワシントン行きは、アメリカの一、一八三の都市が加盟している全米市長会議の冬季総会でスピーチをするためです。招待してくれたのは、この会議の会長であるドナルド・プラスケリック、アクロン市長です。昨年の一一月、広島で開催した日米都市サミットの会議中に話がありました。

アメリカでは、一月の第三月曜日が、マーチン・ルーサー・キング牧師の誕生日として、国の祝日になっています。実際の誕生日は一月一五日で、日本ではかつての成人の日です。偶然の一致とはいえ、公民権・参政権に関係のある日が、日米で重なっている面白さを感じます。

一七日には、キング牧師追悼のイベントである開会昼食会でスピーチを行いました。内容は、広島市のホームページに掲載してありますので省略しますが、C-Spanという、主に公共的なイベントなどの生中継を得意にしているテレビで、全米に放映されました。会場からの反応も、ほどほどに良かったと思います。

それ以上に意味があったのは、冬季総会に参加していた多くの市長さんと話をする機会があったことです。昨年六月に全米市長会議が、平和市長会議の緊急行動支持決議を採択したこと、ならびにその意味をよく理解している人ばかりでした。結局、平和市長会議のスタッフが話をした市長も含めて、何らかの形で接触のできた市長は五〇人以上、そのうちの一六人が、平和市長会議に加盟するという結果になりました。また、今年五月の核不拡散条約（NPT）再検討会議に参加すると約束してくれた市長、前向きに検討すると言ってくれた市長も多くいました。ブッシュ大統領の声だけに注目していたのではわからない、アメリカ市民の自主的な動きを感じることができました。

その中でも目立ったのが、女性市長さんたちの動きです。次期の会長が、ロングビーチ市長のベバリー・オニールさんであることも、その現れの一つです。カリフォルニア州、イリノイ州などの都市の市長として、この会議に参加していた彼女たちの問題意識の高さ、そして行動力には、目を見張る思いでした。

ベルギー訪問は、欧州議会とベルギーの国会から、それぞれ、外交委員会および外交国防委員会でスピーチをしてほしいとの要請に応えて、実現しました。浅尾宰正市議会議長と私の二人が招待されました。このスピーチに加えて、多くの都市の市長さん、そして市の代表の人たちと会うことができました。ブリュッセル市、ゲント市、アントワープ市、イーペル市、フゥイ市などですが、実数の把握は大変困難でした。

その理由の一つは、ベルギーだけでなく、ヨーロッパの多くの国では、国会議員が自治体の首長を兼任していることが多いからです。（しかも、市長が市議会から選ばれる、日本の総理大臣のような形です。）国会議員、あるいは欧州議会議員として紹介されても、実はどこどこの市長でもある、というケースを正確に確かめる余裕がなかったのです。

しかし、かなりの数の都市、そして市長が、平和市長会議の活動を支持してくれていることがわかりました。なぜなら、フランダース地域の七九人の市長が、「核兵器の廃絶のための交渉開始を支持する市長声明」に、連名で署名したものを届けてくれたからです。また、ブリュッセル市長主催のシンポジウムに、二九名の市長から参加の意思表示があり、その後のレセプション中に、四市から平和市長会議への参加申請があったからです。

ベルギーで特に印象的だったのは、イーペル市の経験です。イーペル市は、「すべての戦争を終わらせるための戦争」といわれた第一次世界大戦中の一九一五年に、ドイツ軍が初めて毒ガスを使った都市として知られています。それだけでなく、戦争による死者数が一五〇万人を数え、しかも街全体が破壊された歴史をもっているのです。その九〇周年に当たる現在も、その記憶は生き続けています。その記憶はまた、イギリス、オーストラリア、アメリカといった、当時の「連合軍」を助けてイーペルまで派遣され、戦い、そして死んでいった多くの市民を忘れないためのものでもあります。それが、浅尾議長と私たち一行を迎えてくれた市議会議員一人ひとりの意思であり、市の職員、さらには全市民の思いでもあることに、深く感動しました。

私たちの多くは、第二次世界大戦、朝鮮戦争、そしてベトナム戦争を経て、という文脈で、最近の歴史を考えています。しかし、改めて、それ以前からの歴史の連続性、そしてその記憶の大切さに思いを致す良い機会になりました。

さて、第一次大戦の終了後、完膚なきまでに破壊されたイーペル市復興のため、三つの可能性が検討されました。一つは、破壊され尽くした街を物理的に離れて、違う場所に街を再建すること。次に、同じ場所に以前とまったく同じ街を造り直すこと。もう一つは、同じ場所に新しい都市を造ることでした。結局、当時のイーペル市民は、第二の選択肢を選びました。幸い、戦争前にイーペル市の建物調査が行われていたため、復興のための図面はほぼすべて揃っていたのだそうです。その結果、文字通り、以前のままの姿の街を再建することができた、という偶然に恵まれたのです。

市役所の隣りにある戦争博物館にも、この哲学は反映されています。入館してすぐ、私たち一人ひとりに、当時、ベルギー側にいて戦争の犠牲者となった人の名前が伝えられ、バーコード入りのカードが渡されます。バーコードを、館内の六カ所にある端末で読み取ってもらうと、その人の人生を再体験できる仕組みになっているのです。私が追体験したのは、ヘレン・フェアチャイルドという、アメリカ人の女性看護師さんでした。傷ついたり病に侵されたりした兵士たちの看護をするうちに、自らも病に倒れた人です。お墓がどこにあるのかという情報も示されていて、消極的ではありますが、墓参の勧めにもなっています。このような形で、戦争によって大きく変わってしまった人生を、その人に代わって、今一度、「創り直す」努力がされているのです。その光景を目の当たりにして、目から鱗《うろこ》が落ちる思いでした。

ゲント市長との対話も有益でした。第二次世界大戦が終わったのは、日本では八月一五日ですが、ヨーロッパでは五月八日です。つまり、五月八日以降の戦争についてはヨーロッパではあまり認識がなかったのです。ゲント市長の次の言葉は、その反省の上に立っての前向きの姿勢を示しています。「ヨーロッパでは、その後の戦争の経緯について関心が薄れた。原爆投下についても、その文脈で多くの人が捉えてきた。しかし今年は、五月から八月の期間を、戦争と平和を考えるために生かしたい。良いアイデアがあれば教えてほしいし、私たちの企画にも協力してほしい。」

アントワープは、中世以前から歴史のある古都で、ダイヤモンドや「フランダースの犬」でもよく知られています。第二次世界大戦では、ドイツ軍のロケット攻撃によって大きな被害を受けました。市役所内に、その被害場所をプロットした詳細な地図を展示して、記憶の風化を防いでいます。市長はじめ、市議会議員、および商工会議所の代表も、五月のＮＰＴ再検討会議、そして「広島・長崎講座」に、大きな関心を寄せてくれました。

ベルギーの外務省では、バウエンズ軍備管理・軍縮・不拡散担当部長と話をすることができました。ここでの最大の成果は、次のような趣旨の言質を得たことです。つまり、「ベルギー政府は、ＮＧＯに対してオープンな姿勢をとる。その上で、ＮＧＯの提案やアイデアが国際政治の場で説得力をもつように、自分たちが、いわば仲介役として働きたい。そのために協力してほしい。」五月のＮＰＴ再検討会議中にも、ニューヨークでお会いしましょうと約束して、外務省を辞去しました。

各都市の市長、そしてNGOは元気です
――アメリカ・ベルギー・ドイツ出張報告（その二）

2005.2.25.

前回に引き続き、ヨーロッパでの活動報告をしたいと思います。

ベルギーには、ヨーロッパ各地からNGOの代表が集まってくれていました。中心になったのは、アボリション2000、ならびにアボリション2000と共に行動しているNGOの代表です。彼らは、浅尾議長と私の訪問に対して、高い評価をしてくれました。「議長と市長の訪問によって勇気づけられ、核兵器廃絶に向けての決意を新たにした」、「ニューヨークで開かれるNPT再検討会議の際には、世界中から百万人を超える市民、NGO関係者が集まる予定だ。自分たちも、その中で十分な役割を果たしたい」、「できれば五月までに、市長・議長が、再度、ヨーロッパを訪問して、NPT再検討会議に向けた機運を高めてほしい」などの声が寄せられました。そして、五月の国連での再検討会議を意義ある場とするため、最大限の努力をすることで意見が一致しました。

ドイツでの日程は、一月二〇日、今回の訪問を全面的に支援してくれた「ドイツキャンペーン協議会」との協議から始まりました。この団体は、IPPNW（核戦争防止国際医師会議）、INESAP（核拡散に反対する国際科学技術者ネットワーク）、グリーンピース、ベルリン工科大学、ムトラ

ンゲン市などで構成されています。この会に属している各団体の活動状況が紹介された後、五月の国連における再検討会議に向けて、平和市長会議と協力して、今後、どのような取り組みを行うかについて、意見交換を行いました。

その後、ドイツ連邦議会軍縮・不拡散小委員会の委員長・副委員長などと会見しました。夜遅くなってからの会合でしたが、とても有意義な意見交換ができました。その場で、私たち広島の取り組みについて、基本的な事柄も含めて、原点から復習する形でのプレゼンテーションをすることができました。委員長は、「市長との意見交換により、核軍縮に向けた手法など、新たな視点を得ることができた。非常に刺激的で、有意義であった」との感想を述べてくれました。

二一日の午前一〇時からは、ベルリン市役所前で「人道法のための活動」をしている学生たちとの意見交換を行いました。彼ら・彼女らは、「国際法の壁」の運動を始めた学生たちで、昨年の四月にニューヨークで会った学生たちにも再会することができました。この日は大変寒い日で、寒風に吹きさらされながら、街行く人たちにアピールしていた学生たちの姿は、神々《こうごう》しくさえ見えました。たまたま通りかかったヴィーツォレック・ツォイル開発大臣が私たちに気づき、学生たちを激励してくれました。髪を紫に染めた個性的な女性で、私との会話の中で被爆者の話になったとき、頬を流れた一筋の涙が印象的でした。

昼食の時間を挟んで、ベルリン工科大学で、「広島・長崎講座」の受講生や担当のオイゲン・アイヒホルン教授、そしてラインハルト・チューマー学長が出席しての歓迎式がありました。熱心に勉強している学生たちを前に、浅尾議長も私も、挨拶に熱が入りました。学長からは、これからも「広島・長崎講座」の充実に力を入れたいと、力強い挨拶がありました。

午後からは、ハノーバー市長、ムトランゲン市長とともに、ベルリン市議会のヴァルター・モンパー議長を訪問しました。広島市の姉妹都市であるハノーバー市のシュマルシュティーク市長の事前の根回しがあり、話は大変スムーズに進みました。たとえば、ベルリン、ハノーバー、ムトランゲンなどの市が中心になって、ドイツの全市議会に呼びかけ、三月一一日にNPT再検討会議への参加について協議することになっている、との説明が議長からありました。また、その会のためにビデオメッセージを送ってほしい、との依頼も受けました。

その後、外務省でケルスティン・ミュラー国務次官と会談しました。このような場合には、ほとんど必ず、その国の元首または最高責任者宛ての書簡を手渡すことにしています。今回も、シュレーダー首相宛ての要請書を手渡しました。NPT再検討会議において、ドイツ政府が核兵器の廃絶のために努力してほしい、という内容です。

次官に対しては、NPT再検討会議において、核兵器廃絶に向けた具体的成果を上げるため、ドイツ政府が、世界の都市とともに緊急行動を支持し、そのための行動をしてほしいという要請を行いました。ミュラー次官は、「ドイツ政府としても、緊急行動の趣旨には全面的に賛成する。ドイツ政府としては核不拡散だけでなく、核兵器を廃絶することが重要であると考えている」旨の意思表示がありました。また、五月の再検討会議には、ドイツ政府の代表団の一員として、NGOの代表を加えることも約束してくれました。

「こんな思いは、他の誰にもさせてはならない」という、多くの被爆者の言葉に触れたとき、ミュラー次官の目にきらりと光るものを見たのは、私だけではありませんでした。

ベルギーとドイツで、多くの人から高く評価されたのは、浅尾議長のスピーチでした。被爆者として、控えめながら、しかし大切なメッセージをしっかり伝える強い意思に、多くの人が感銘を受けていました。

最後に、イーペル市での経験に戻りたいと思います。イーペルでは、九〇年前の記憶が生きていました。ジョージ・サンタヤーナの言葉、「過去を忘れる者は、その過去を繰り返す運命を負わされる」に照らして考えると、「それならなぜ、第二次世界大戦が起きてしまったのか」という疑問が生じます。今回の訪問で確認できたのは、イーペルの市民も同じ意識をもっているということでした。「だからこそ、もう一度、同じ過ちを繰り返してはいけないのだ」という思いが、私の出会った一人ひとりから、確かなメッセージとして伝わってきました。

五月のＮＰＴ再検討会議には、こうした世界からのメッセージが届きます。皆さんのメッセージをこれに合わせれば、二一世紀の新たな展望を開くことは、それほど難しいことではないのかもしれません。

3

市民が活力を生む

——文化と芸術

『椿姫』を現代に活かす

2003.6.10.

五月三一日、広島大学で、「サタケ メモリアルホール」の落成記念式典と柿落《こけら》しの『椿姫』公演が行われました。アルフレード役は、前広島大学学長で、現在はわが広島市の病院事業管理者である原田康夫先生でした。

国立大学の中にオペラ・ハウスを造るというアイデアは、なかなか常人からは出てこないものです。サタケや福山通運など、地域、そして大学における芸術や文化活動の意味を理解する支援者に恵まれて、実際に完成させた手腕も特筆されるべきでしょう。その上、柿落しでは『椿姫』の主役までこなしてしまう原田先生の才能とエネルギーには圧倒されます。人類の歴史は、このような有能なリーダーたちによって形づくられてきた側面が大きいことに、改めて気づかされた一日でもありました。

同時に、何十年にもわたって『椿姫』を見るたびに気になっていた点を、改めて思い出しました。その点を説明する前に、まず、『椿姫』の筋書きを追っておきましょう。

アルフレードが、ヴィオレッタという美しい、しかし問題を抱えた女性に恋をする。真心が通じて、ヴィオレッタは社交界から身を引いて、アルフレードの愛を受け入れる決心をする。しかし、アルフレードの父親によって二人の仲は裂かれ、ヴィオレッタは身を隠す。結核が重くなって、死の床に臥しているヴィオレッタを見つけ出したアルフレード。父親も二人の仲を許す。しかし、時すでに遅く、病は二人の仲を永遠に引き裂く——。

気になる点とは、昔読んだ本の中に、オペラについての「疑問」といった一節で指摘されていた『椿姫』の最後のシーンです。結核で死を迎えつつあるヴィオレッタが、あんなに大きな声で、長々と歌を歌えるものなのか。医学的にももう少し正確な舞台が必要なのではないか、という問題提起でした。

今考えると、オペラの熱狂的ファンに対する、ユーモアを交えた「揶揄」だったのだと思います。しかし、純真な若い時代に、その「揶揄」を「ちょっと変かも」という感じで受け止めてしまった私は、『椿姫』を見るたびにこの問題提起を思い出してしまうのです。

さて、これだけ長い間、世界中のファンから愛され続けてきた『椿姫』ですから、当然、それだけの理由があります。その理由を説明するために書かれたといってもよい本があります。それは、アメリカの心理学・女性学の泰斗である、ニューヨーク大学のキャロル・ギリガン教授が昨年出版した、『The Birth of Pleasure（快楽の誕生）』です。

現代社会、特に欧米や日本の社会には、男性的価値観が大きな枠組みとして存在しています。その中で、父親の権威が一つの象徴になっています。それを「父権社会」とも呼びます。しかし、子どもたちは、未だこの社会の価値観に染められてはいません。子ども時代の純真な考え方や行動の仕方が、「父権社会」のそれに変わるのは——見方によっては、変えさせられるのは——、男の子では四歳から五歳頃、女の子では十代の中頃、というのがギリガン教授の発見です。この転換点で子どもたちは、それまでの「快楽」を基礎にした考え方や感じ方から「卒業」して、大人の世界、つまり父権社会の一員になるというのがギリガン教授の結論です。

ただし、この「快楽」という表現には注釈が必要です。自分自身の感じ方や考え方に素直に従うこと、とでもいったほうが正確だと私は思います。その素直さを捨てる時期が、男女では異なるというのがギリガン教授の発見なのです。素直さを捨てるとは、自分を捨てて社会に妥協することだといってもいいのかもしれません。しかし、妥協の結果として父権社会の一員になった人でも、あるいはそうなったからなおさら、一人の人間としての完結した生き方、自分自身の本来の姿や形を求めるようになるのだという事実も、ギリガン教授は指摘しています。その努力が実を結ぶのは、昔、自分が捨てた「快楽」(つまり、自分自身が感じる喜び)に素直になり、自分を取り巻く世界や自然と、「愛」を通して一体化したときだとギリガン教授は主張しています。

多くの恋愛が悲劇に終わる理由も、父権社会が愛を殺すという文脈で説明されます。その解釈の見事さも含めて、私にはギリガン教授の著書が、そのまま『椿姫』の解説書だと思えるのです。

折しも広島市では、男女共同参画基本計画をまとめつつあります。できるだけ具体的な目標を設定するという方針のもと、「審議会における女性委員の割合を増やす」、「市からの補助金交付団体における女性役員の割合を増やす」、あるいは「成人女性の喫煙率を下げる」といったような事柄について、具体的な数値目標を盛り込んだ意欲的な計画になるはずです。

この計画が、人類史的な見地からのギリガン教授による問題提起に応え、『椿姫』に凝縮されている問題にまで迫るものになっているかどうか。公表後、皆さんのご意見をうかがえればと思います。

広島ジュニアオーケストラ

2003.12.25.

今回は、クリスマスにちなんで、子どもと音楽に焦点を合わせたいと思います。
広島の平和記念式典と長崎のそれとを比べて、長崎のほうが若者を積極的に参加させている、という印象をもつ人が少なからずいます。たとえば、長崎の式典の司会者は、高校生が二人で担当しています。式典の中でも、中・高校生による合唱が定番になっているなど、確かに子どもたちが活躍しています。しかし、もう少し丁寧にみると、広島でも若者がしっかりと式典を支えてくれています。

まず、式典の始まる前には、パンフレットを配ったり切花を渡したりするボーイスカウトをはじめ、おしぼりの接待や案内係のボランティアなど、五〇〇人ほどの子どもたちが大活躍しています。式典の柱の一つ、「平和への誓い」は、どこに出しても恥ずかしくない、子どもたちの平和への取り組みの総決算になっています。また、音楽についていえば、式典の最中、子どもたちがすべての演奏を担当しています。献花の際に流れる音楽は、長崎ではエレクトーンを使っていますが、広島では子どもたちによる吹奏楽の生演奏なのです。最後の広島平和の歌も、子どもたちが伴奏し、合唱しています。

式典全体を引っ張ってくれているのは、実は子どもたちなのです。

合唱団と吹奏楽団を合わせて七〇〇人以上、子どもたちだけでも五〇〇人以上が、炎天下で頑張っています。式典全体では一、〇〇〇人以上の子どもたちが、大切な役割を果たしています。そのことに毎年感動しているのは、私だけではないはずです。それだけではありません。八月六日の記念式典を支えている吹奏楽や合唱の分野で、広島市は、全国的にも高いレベルを維持してきました。これはいわば、広島市の素晴らしい伝統でもあるのです。

野球やサッカー、バレーボール等々、広島の子どもや若者たちがスポーツに秀でていることは、全国的にも高く評価されています。音楽の分野でも、子どもたちの力が今、大きく花を咲かせつつあります。音楽高校から音楽大学まである都市は、それほど多くはありません。これも広島の大きな魅力の一つです。これからも、広島の若者たちに音楽の分野でもっと活躍してもらえるよう、私たちも環境整備に力を入れたいと考えています。

そのためにも勇気づけられる演奏会がありました。今月の二三日に開かれた、広島ジュニアオーケストラの第三回定期演奏会です。このオーケストラは、賛助出演のプロの皆さんも含めて一〇〇人ほどの編成です。演目は、バッハのカンタータに始まって、パッヘルベルのカノン、ルロイ・アンダーソンの小品を数曲、そしてベートーベンの交響曲「田園」でした。私の好きな曲ばかりだったせいもあって、素晴らしい音と演奏を、十分に堪能させてもらいました。

オーケストラの総監督・音楽監督・指揮を務める小島秀夫先生は、一九九二年に、「音楽を通じて地域文化の振興に役立ち、情操豊な青少年を育成していく」ことを目的に、「コジマ・ムジカ・コレギア」という演奏家の組織をつくりました。子どもたちが参加するコンサートも、それ以来一〇年以上、続けてきています。

ジュニアオーケストラの団員は、広島市に住んでいる子どもたちが大多数ですが、島根や鳥取、東京からも参加者があったようです。音楽が好きだという理由の他に、小島先生のお人柄や、ジュニアオーケストラの仲間たちとの友情が大切な要素であることもわかりました。

こうした友情を育んだ背景には、ボランティア活動があります。この一〇年間、小島先生をはじめとする音楽家、支援者、子どもたちの保護者などを中心として、「百パーセントのボランティア活動」を続けてきたというのですから驚きです。小島先生と仲間たちのエネルギーの源は、広島を愛し、音楽と子どもたちを愛する心にほかなりません。一〇年間の実績をもとに、これからも素晴らしい活動を続けていただきたいと思います。

今回は、小島先生に敬意を表しつつ、その活動を紹介させていただきました。小島先生の他にも、多くの広島市民が、子供たちのために、あるいはさまざまな分野の文化や芸術の振興のために、頑張ってくださっています。時間に限りのあることが残念ですが、私も、できるだけ多くの皆さんの活動現場や成果を見せていただきたいと願っています。このような皆さんの善意とエネルギーをもとにして、子どもたちをめぐる音楽その他の文化的環境を整備し、「広島発の子ども文化」を、二一世紀広島のアイデンティティとして確立したいと考えています。

たとえば、広島市が力を入れている方針の中に、「水の都ひろしま」を創る計画があります。その計画の一環として、夏の間中、市民が楽しめる水辺の音楽会が開けないか。ボストン市で毎夏開かれる「エスプラナード・コンサート」のように、あるいはそれ以上に素晴らしいコンサートにできないか。そこで子どもたちに活躍してもらえないか――。夢は広がります。

『文芸ひろしま』と「ビジター倍増計画」

2004.5.25.

今回は、『文芸ひろしま』(1)を取り上げたいと思います。

今春発行された第二三号を読んで、来年からは隔年発行になることを知りました。毎年、感動的な作品に出会えることを楽しみにしていただけに、少し寂しい思いがします。同時に、その寂しさを補い、かつ広島市の活性化に自然に結びつくようなアイデアが頭に浮かびました。

ヒントになったのは、巻末にある「文芸結社・団体の動向　平成一五年」です。ページ数から推測すると、六〇以上の組織が、創造的な活動を活発に続けています。このように貴重な活動を、一年あるいは二年に一度ではなく、より頻繁に伝えるための手段として、「文芸ひろしま・ホームページ」を立ち上げたらどうだろう、と考えたのです。このホームページには、これまで二三冊の『文芸ひろしま』に掲載された作品を、「アーカイブ」として集めておくことも可能です。いつでも簡単に読むことができ、大変便利になります。

結社や団体で、自分たちの活動を紹介するホームページを作っているところもあるでしょう。それらのページにリンクを張ることで、新たな同人の発掘につながるかもしれません。ホームページを開設していない結社や団体には、希望があれば、文化財団なり広島市なりがお手伝いをして、新たに開設してもらうことも考えられます。

このようなホームページができれば、そこを拠点にしたいろいろな展開も考えられます。その結果、全国に広島発の創造的な活動をアピールできます。また、「ビジター倍増計画」(2)の一環として、全国各地にある同じような結社や団体に呼びかけて、広島を訪れて活動してもらうことも可能でしょう。そのための情報提供にも、ホームページは役立つのではないでしょうか。

文芸活動には普遍性がありますので、結社や団体の多くは、全国組織に属していたり、他の地域の結社や団体と交流しているケースが多いようです。しかも、旅に出て創作活動を行う「吟行」という伝統もある世界です。「広島で吟行を」と、各結社や団体から全国に呼びかけていただけたらと、勝手に考えています。「私たちの会では、このような吟行を行いました」という事例集もホームページに載せれば――写真も一緒に付いていたほうが、説得力は増すと思います――、それだけで芭蕉のような気になる人もいるのではないでしょうか。

さらに、「宿や乗り物の手配などもお任せください」というメッセージがあれば、広島が遠いと感じている人たちにとっても、広島の存在をもっと身近に感じてもらえるのではないでしょうか。宿や乗り物の手配が不得意な人や、人手を割けないような組織でも、旅行代理店などと連携して、ホスト役をこなせるような環境をつくることは可能だと思います。

アジアからの留学生の間で、「広島の人は優しい」、「日本中で一番広島が好きだ」という評価のあることを聞いたことがあります。最近でも、荒神市場や愛友市場の皆さんが、留学生会館で生活している留学生と温かい交流を始めています。広島人が外からの人を温かくもてなす姿勢は、高く評価されているのです。その温かさと文芸を結びつけることで、広島のさらなる活性化につながれば素晴らしいではありませんか。

近い将来、全国の俳人、歌人、そして多くの文人の間で、「広島に行くと素晴らしい一句・一首が浮かぶ」という評価が定まることを夢見ています。その出発点が『文芸ひろしま』になるならば、これまでの努力に新たな意味が付け加わることになるでしょう。


ここまで考えてきて、最近、「広島市文化協会」が設立されたことに思いが至りました。『文芸ひろしま』に掲載されていない、非常に多くの文化・芸術団体が広島市にはあります。音楽、美術、舞踊、ダンス、演劇などの舞台芸術、民謡や民舞等々、活発に創造的な活動を続けているグループです。そのような団体ならびに個人を、横断的に網羅する目的で設立されたのが「広島市文化協会」です。文化協会参加のグループにも、同じように協力してもらえたら、素晴らしいホストグループが誕生するのではないでしょうか。

実は、念のため、何人かの方にうかがってみたところ、今さらこんな提案などしなくても、多くの皆さんが自発的に取り組んでくださっているそうです。考えてみれば当然の話ですが、改めて、こうした努力を続けてこられた皆さんに感謝したいと思います。

その上での提案ですが、活動の輪をさらに広げていくことも可能なのではないでしょうか。ひいては、「ビジター倍増計画」の大黒柱的存在になっていただきたいなどと考えるのは、贔屓《ひいき》の引き倒しでしょうか。でも、そんな日の来ることを夢見ながら、多くの文化・芸術団体の皆さんが、さらなる活動の展開をご検討くださることを祈っています。

（1）『文芸ひろしま』：市民の文芸創作活動を活発にすることを目的に、市民から、詩、短歌、俳句、川柳、小説、随筆、ノンフィクション、シナリオ、児童文学の九部門の作品を募集し、優秀作品などを掲載している市民文芸作品集です。発行は、財団法人広島市文化財団、電話０８２‐２４４‐０７５０。
中央図書館や各区図書館、公民館で閲覧できます。図書館では貸し出しもしています。また、アステールプラザ情報交流ラウンジや主要書店で販売しています。

（2）「ビジター倍増計画」：広島への来訪者を増やして、都市の活性化を図ることを目的として、市民、企業、行政などが、それぞれの立場を生かして取り組むべき事項や行動の事例を示す計画で、近く、「ビジターズ倍増に向けて――千客万来の広島の実現」のタイトルで公表する予定です。

金城一国斎と高盛絵

2004.6.10.

六月三日から八日まで、福屋八丁堀店七階で、福屋の創業七五周年記念事業の一環として、「金城一国斎展」が開かれました。金城一国斎展実行委員会と中国新聞社主催によるこの展覧会は、「広島を代表する工芸　高盛絵――その美意識の系譜」と銘打たれている通り、初代から現役の七代目に至る一国斎の作品を、広く全国から集めたものです。一九世紀初めから二〇世紀を経て、今日にまで伝えられるとともに、常に進化し続ける漆芸の美を鑑賞するには、またとない機会でした。

七代にわたる一国斎の系譜をざっと辿っておくと、初代一国斎は、尾張徳川藩小納戸御用塗師として名を馳せ、二代一国斎が諸国を遊歴しつつ高盛絵を創始。その二代目が、眼病治療のため滞在していた江波で、木下廉太郎少年と出会い、弟子として漆芸を伝えた後、一国斎の名を譲る。二代目のその後の消息は知られていないという。まさに時代小説を地で行くような縁で、広島にこの美の伝統が根づいたのです。

上田宗嗣氏の言葉によると、「三代一国斎は、さらに研鑽《けんさん》を積み、――中略――広島の高盛絵の名声が全国に知られる基礎を築きました。明治時代の広島は、都市としての中枢性も高く、高盛絵に従事するものも増加し、広島の代表的な工芸としての地位を確立していったのです」。続けて上田氏は、「その後、大正後期あるいは戦後の混乱期の中でも、四代一国斎、又赤塚自得の門をたたいた五代一国斎と、良く父祖伝来の技法を護り抜き、県内の広範な人々に愛されて高盛絵は生き続け、昭和二十九年には、四代・五代が同時に広島県無形文化財に指定されました」と述べています。

そして、七代の一国斎（本名は池田昭人）は、祖父（五代）ならびに父（六代）の没後、一九九一年に七代目を襲名しました。家伝の高盛絵と新たに習得した彫漆の技法を融和させるなど、一国斎としての新たな境地を開拓しています。一時、テレビ番組にもレギュラーとして登場したように、あらゆることに意欲的で前向きな人柄と優れた才能とが相まって、七代目としての大きな仕事につながるものと期待しています。

福屋には子ども連れで出かけました。多くの作品に、ハチやトンボ、カマキリやチョウといったムシが登場していたせいもあって、子どもたちにとっても楽しめる展覧会だったようです。（小さい子どもが身近にいない方のために、一つ注釈を付けておきます。小学生以下の子どもたちの間では、「ムシキング」という、カブトムシやクワガタなどの虫のカード集めとゲームを合わせた遊びが大流行しています。）

私も、七五点の作品一つ一つから伝わってくるダイナミックな躍動感に浸ることができ、活力をもらったような気持ちになりました。その躍動感は、七代目が制作する姿をまとめたビデオにもはっきり映っていました。一つの作品を完成させるための集中力、細部にまで神経を行き渡らせる目の鋭さ、識別した一ミリの何十分、何百分の一の差を正確になぞる指の力としなやかさなどに、高盛絵と彫漆の創造的なエネルギーの源を感じることができました。

三代目の一国斎は、数多くの勧業博覧会や共進会に出品することで、一国斎の名前と高盛絵の存在を世に知らしめました。広島県立美術館主任学芸員の福田浩子氏の調査によると、こうした会において一国斎は、継続して「工業」の部に出品していたのだそうです。「工芸が芸術あるいは美術の範疇に入らなかったという状況」だったからです。この点と、同氏による次の指摘を考え合わせると、未来へのヒントになりそうな気がします。つまり、「最盛期には三代一国斎以外にも高盛絵風の作品を制作した人々があり、広島漆工芸の裾野を担った彼らもまた一国斎の高盛絵を支えていたと言ってよいだろう」。

単純な発想かもしれませんが、頭に浮かんだのは、当時の「裾野」をもっと広げて、一国斎の一子相伝の高盛絵を中心にして、漆芸を広島の新たな産業として興せないだろうか、ということです。何年先になるかわかりませんが、ニューヨークやパリ、北京など、世界の都市の目抜き通りに「Ikkokusai」ブランドの漆器店が賑い、本物を手に入れるために多くのファンが広島を訪れる——。銀座でも広島でも、グッチやルイ・ヴィトン、カルチエやティファニーの店が流行っている状況を敷衍《ふえん》して、空想を膨らませてみたのですが。

三宅一生氏やマツダが良い例ですが、広島には世界的に理解してもらえるデザイン力と、その長い伝統があります。それを生かせば、このようなシナリオを追求しても、決しておかしくはないと思います。

今回の展覧会でのもう一つの収穫は、一国斎と銅蟲《どうちゅう》、江波焼の関係が明らかになったことです。世界ブランドとしての「Ikkokusai」を考えるのであれば、同時に、銅蟲や江波焼、そして宮島彫りなども国際ブランドに育てられないものかと、さらに思いは膨らみます。そのためにも、第二、第三の三宅一生が育ち、そして、七代目一国斎に続く多くの若い才能が開花することを期待しています。

「ハノーファー」と「ハノーバー」

もう先月になりましたが、五月の三〇日に、留学生会館で「ハノーバーの日」の行事が開かれました。今年も盛りだくさんの楽しい内容でした。一方で、大切な問題提起もありました。その後開かれた市議会でも、同様の問題提起がなされました。多くの皆さんが関心をもっている事柄ですので、改めて報告をしておきたいと思います。

発端の一つは、広島出身の音楽家、大植英次氏が現在、常任指揮者としてタクトを振っているオーケストラの名前が、「ハノーファー北ドイツ放送フィルハーモニー」と訳されていたことにあります。大

ハノーバーの日

2004.6.25.

植氏の世界的な活躍については、また稿を改めて紹介したいと考えています。今回は地名を問題にしたいのですが、「ハノーファー」とはどこにあるのでしょうか。

「ハノーファー」とは、広島市の姉妹都市の一つである「ハノーバー」のことです。ただし、「ハノーバー」は英語読みで、ドイツ語では「ハノーファー」と発音します。どちらの読み方でも同じ都市を指していることがもっと多くの市民に知られていれば、大植氏による公演がさらに盛り上がったかもしれません。

では、私たちはこれから、どちらの名称を使えばよいのでしょうか。基本的には現地読みを尊重する、というのが外務省の考え方だそうです。相手にわかってもらえない読み方や呼び方では、役に立ちません。とはいえ、これまで長い間、人口に膾炙《かいしゃ》してきた人名や地名を、一日で他のものに変えろと言われても現実にはなかなか難しいでしょう。両方を併用しながら、現地読みに変えていくという長期対策が必要なのだと思います。

ここでは、どのような読み方の違いがあるのか、姉妹・友好都市を例にとっておさらいしておきます。ハワイのホノルル市は問題がありません。もっとも日本人には「L」の発音が難しいということはありますが、それは別次元の問題です。カナダのモントリオール市は、英語の読み方です。フランス語の呼び方は、「モン・レアル」に近くなります。とはいえ、カナダは完全にバイリンガルの国で、英語も公用語の一つですから、モントリオールと呼んで失礼になるということはありません。ロシアのボルゴグラードもほぼ発音通りです。

少し違うのは、韓国の大邱広域市です。日本語的に読むと「てぐ」、ハングル読みでも「テグ」に近いのですが、英語の表記は「Daegu」と、濁る感じになります。大幅に違うのは重慶です。現地読みは「チョンチン」ですが、英語で表記すると「Chonqin」、または「Chongqing」となり、通常の英語のスペリングともかなり違っています。

せっかくの機会ですので、もう二点、問題提起をしておきたいと思います。どちらも、長くアメリカに住む中で苦労してきたことなのですが、なかなか短期的な解決策は見つかりません。

一つは、人名を表記する際に、英語流にまずファースト・ネーム、つまり名を言い、次にファミリー・ネーム、つまり姓を言うことの是非です。多くの日本人は、アメリカ流に「シゲル・ヨシダ」という形で、自己紹介をします。私も、口頭ではそうしてきました。しかし、名刺など、文字で表記する場合は日本流に、姓が先、名が後という順序を使うことが多くなっています。中国人、中国系の人の多くは、「毛沢東」というように姓が先で、発音は「マオ・ツゥエトン」のように、現地読みで国際的に通しているようです。しかし、この問題も、日本人はこういう形で姓名を書くのだということが多くの人に知られていないと、かえって不愉快な間違いが増えるだけになってしまいます。卵が先か鶏が先かという種類の問題で、解決はかなり難しいと思います。

もう一つは、相互主義です。日中では多くの漢字を共通に使っていますが、その読み方は違います。

日本では重慶を「ジュウケイ」と読むように、中国では広島を「クワァンタオ」と読んでいます。私たち日本人が、中国の地名を中国語読みにしても、中国の側が日本の地名を中国語読みにしたままでは、双方向のコミュニケーションは万全とはいえません。これも、解決には時間のかかりそうな問題です。人名や地名は、本人の意向、そしてその土地に住む人たちの意向を第一に考えた呼び方・読み方に変えていくべきことを、まずは確認したいと思います。その上で、当面は現地読みや現地のやり方を使いつつ、時間をかけて変えていければと思います。

スポーツ王国広島――スポーツは「道徳的に受け入れ可能な戦争の代替物」

異常に暑かった今年の夏も峠を越したようですが、スポーツをめぐる熱気はまだまだ冷めません。オリンピックがありますし、夏はやはり甲子園だという人も多いようです。その上、サッカーのアジアカップが重なると、全部見なくては気の済まない人だけでなく、私たちのほとんどが、いくつ身体があっても足りないと感じているのではないでしょうか。

それにしても、アテネ・オリンピックでの日本選手の活躍ぶりは見事です。新聞の一面トップが連日、金メダルの大見出しで始まる有り様には、他に報道すべきことがあるのでは、と皮肉の一つも言いたくはなるのですが、嬉しいことに変わりはありません。

戦後初めてのオリンピック参加も、感動的な大事件でした。それ以来、オリンピックのたびに私たちは大きな期待をし、国民的英雄が誕生する喜びを共有してきました。しかし、失望の記憶も多い夏の大会で、今回ほど余裕をもって応援できたことは、かつてなかったように思います。秋以降、その余勢を駆って、今まで以上に熱心に、勉強や仕事に打ち込む人が多くなるのでは、と期待しています。

2004.8.25.

もう一つ、夏、特に八月には大切な意味があります。「八月は、六日、九日、一五日」という川柳紛いの表現があるくらい、戦争と平和の問題、さらにお盆も含めて考えれば、人間の生死の問題に向き合わなくてはならない月でもあるのです。一方では、戦争と平和が話題になり、もう一方では、スポーツ観戦と応援に熱中する。この八月は一見、深刻さと楽しさの両極端を併せもつ不思議な存在なのです。

実は、その両極端をつなぐ考え方を、アメリカの哲学者、ウイリアム・ジェームズが、一九〇六年に示しています。スタンフォード大学での講演で彼が提唱したのは、「moral equivalent of war」です。訳すのが難しい表現ですが、「道徳的に受け入れ可能な戦争の代替物」とでもいえばよいのではないかと思います。

何年か前、元参議院議員の國弘正雄先生が、この考え方を広めるため、熱心に活動していた時期がありましたのでご存じの方もいると思いますが、改めてジェームズの考え方を、私なりに要約しておきます。

戦争は当然、道徳的には許されない。しかし、それでも未だに戦争がなくならないのは、戦争に強い「魅力」があることも一因である。たとえば、戦場での兵士たちの行動の中には、無私の奉仕、固い友情、勇気、規律など、私たちを感動させ、戦場以外の場でも高く評価される多くの要素がある。戦争をなくすための一つの手段として、このような要素を本質として構成された、殺し合いをしなくてもよい「仕事」の場を若者に提供したらどうか。

より具体的には、ケネディー大統領時代のアメリカで始められた「ピース・コアー（平和部隊）」が、その典型的な例です。もっとも、ジェームズのもともとの考え方は、徴兵の代わりに、国の力で若者を徴用する、つまり強制的に一定の仕事をさせるというものでした。したがって、基本的にボランティアが仕事をするというシステムの平和部隊は、ジェームズの考え方をかなり柔軟に具体化した例だといったほうがよいかもしれません。

しかし、「オリンピック休戦」が、ギリシャ時代のオリンピックの重要な意義であったことも勘案すると、ジェームズの提唱した「moral equivalent of war」に一番ピッタリ合うのは、スポーツなのではないでしょうか。

広島は、昔から「スポーツ王国」であることを誇りにし、そのための努力を続けてきました。今後も、その努力は当然続けるべきですし、行政として果たす役割にも大きなものがあります。スポーツ王国として、広島がさらに羽ばたくためには、解決すべき問題は多くあります。一リーグ制の是非とカープとの関係、野球場の建設なども大きな懸案です。全市民的な広がりのある取り組みを行いながら、これら問題を一つずつ着実に解決していき、スポーツの面でも広島を世界の地図に載せたいと考えています。

たとえば、将来のオリンピックで、為末大さんや柴田亜衣さんと同じように広島出身、あるいは広島ゆかりの選手が金メダリストとして続々活躍し、その結果、広島が世界から注目されるようになればと思います。そのことによって、「報復ではなく和解」を選び人間的な目的のために科学技術を使う努力を続けている広島が、それに加えて「戦争ではなくスポーツを」という、わかりやすくかつ世界に広めやすいメッセージを強力に発信することにもなります。それもまた、広島の大切な仕事の一つなのではないでしょうか。

音楽家たちのボランティア活動

2005.4.10

コンサートに行く楽しみの一つであり、同時に悩みの一つは、会場の入口周辺でたくさんのチラシをもらうことです。楽しいのは、定期演奏会といった定番のコンサートの他に、普段は気づかなかったような趣のコンサートのあることがわかって、心豊かになった気がするからです。悩んでしまうのは、鞄を持たずに出かけた場合、コンサートの間中、チラシが落ちないよう、あるいは紙の擦れる音をさせないよう、気を遣わなくてはならないからです。

ずいぶん前のことになりますが、広島で初めてクラシックのコンサートを聴きに行ったとき、東京と同じくらい多くのチラシをもらいました。この量は、「国際平和文化都市」の名に恥じない文化活動があり、それを支える市民がいることを意味するのだ、と感動したことを覚えています。

もっとも、時間が経つにつれて、もう少し正確に状況を理解できるようになりました。東京の十分の一の人口で、衣食住という生活から少し離れた芸術活動を続けるのは、かなり大変なのです。そうした中で、音楽に限らず他の芸術分野でも、多くの「アーティスト」が創意工夫を重ねて努力を続けている姿に、いつも敬服しています。

さまざまな努力の中でも特筆されるべきは、チャリティー・コンサートを含めた多様なボランティア活動です。音楽家として活躍中の皆さんのほとんどが、こうした活動をされています。私の印象では、音楽家によるボランティア活動やチャリティー・コンサートが、広島では特に盛んなようです。

その証拠として、何人かの音楽家の活動をご紹介したいと思います。実は最近、たまたま広島の音楽家の活動リストを見る機会があり、多彩かつ輝かしい活動ぶりに圧倒されたのです。一人ひとりの活動も素晴らしいのですが、数多くの音楽家による活動の全体像をみていただくことで、広島の今と未来の姿をより正確に把握していただきたい気持ちなのです。

まず、平成一四年度（二〇〇二年度）の第一回市民賞の受賞者の中には、二人の音楽家がいます。一人は、ヴィオラ奏者の沖田孝司さんです。沖田さんは、東京音楽大学とドイツ国立デトモルト音楽大学を卒業後、ドルトムント市立フィルハーモニーオーケストラに在籍。一九九三年には、同フィルにおいて、広島原爆被爆者支援のためのチャリティー・コンサート、「HIROSHIMA'93」を開催しました。

帰国後の一九九五年に、マイ・ハート弦楽四重奏団を結成し、広島県内の全八六市町村巡回を目標に、ボランティアで定期的にコンサートを開催。小・中学校、高校、成人式、公民館などでのボランティア演奏は、三〇〇回を超えました。また、コンサートで収益金があるときは、ＮＰＯ広島骨髄バンクに寄付をしています。

もう一人は、演歌歌手の井上わこさんです。一九八二年に交通事故に遭い失明したものの、三笠優子さんに励まされ、逆境を乗り越え、一九八七年に歌手デビュー。一九八八年から盲導犬普及活動に取り組み、二〇〇四年までに、盲導犬一六頭および盲導犬育成犬舎一棟を寄贈しています。

また、老人ホームや障害者施設の慰問などの活動は三五〇回を超え、現在、二〇頭の盲導犬寄贈目標に向けて活動中です。

平成一五年度（二〇〇三年度）の市民賞を受賞した音楽関係者は、広島ジュニアマリンバアンサンブルでした。小学生から高校生を中心とするグループで、学校、福祉施設、児童館、公民館などでのボランティアコンサートを年間七〇回以上開催し、収益があるときは、ユニセフを通じて寄付を行っています。また、カーネーギーホールでの「日米音楽親善ユニセフチャリティー・コンサート」や、フランス八都市での平和コンサートに出演するなど、ヒロシマの心を世界に発信する活動も展開しています。

ジュニアマリンバアンサンブルには、姉妹都市交流の一環としてボルゴグラード市に一緒に行っていただきました。いくつか思わぬハプニングもありましたが、それを乗り越えて、全員元気に美しいメロディーを奏でてくれました。ボルゴグラードの市長さんをはじめ、市民からも大人気でした。

さらに、今年度の市政功労表彰者の中に、二人の音楽家がいます。その一人は、全国的に高く評価されているギタリスト、長野文憲さんです。現在活躍している日本のプロのギタリスト約五〇人のうち、クラシックだけでなく、タンゴやアルゼンチン民謡など、オールラウンドで幅広い分野の演奏ができる唯一の奏者だといわれています。一九八六年から、東区民文化センターをはじめ、市の各種施設でボランティア・コンサートを開催し、気軽にギターを鑑賞する機会を市民に提供してきました。また、一九九七年には、女優の吉永小百合さんの原爆詩朗読の伴奏を務め、一九九九年には〝オーガスト・イン・ヒロシマ'99〟の共催コンサートを開催するなど、市民のための精力的な活動には頭が下がります。

もう一人は、エリザベト音楽大学のルチアノ・ベルタニョリオ名誉教授です。一九七七年、本市の地元声楽家に舞台に立つ機会を与えるため、声楽グループ「カント・イタリアーノ」を発足させ、広島を中心に音楽会を計七五回開催しました。また、一九八九年には、オペラ団体「オペラフェスティバル」を設立し、一四年間で一一回の公演を行いました。これらの活動は、本市の「オペラルネッサンス」事業と、地元声楽家の育成やクラシック音楽の普及に弾みをつけただけではありません。『オペラ作曲家歌曲集（全一〇巻）』をはじめとする氏の多くの著作は、日本各地でのオペラ上演において、作品の幅を広げることに貢献しています。

広島には、実力派の演歌歌手として全国的に活躍している南一誠さんもいます。彼のヒット曲のうち、「広島天国」一つだけをとっても、広島のPRのためにいかに大きな力になっているかがわかります。広響のコンサートマスターを務めた、ヴァイオリニストの上野眞樹さんの活動も多岐にわたっています。二胡奏者の姜暁艶（ジャン ショウイエン）さんも、医療の研究と二胡奏者の仕事を両立させながら、世界的な活躍をしています。その他にもご紹介したい音楽家はたくさんいるのですが、機会を改めたいと思います。

最後に、今月一六日の土曜日に開かれる二つのコンサートをご紹介します。一つは山縣明久さんの「二四時間チャリティー・コンサート」です。場所はゲバントホール。土曜日の午後二時から翌一七日の午後二時まで、三〇〇曲を歌い続けるコンサートです。経費などを除いた収益金は、原爆ドームの補修費などに当てる目的で、広島市に寄付していただけるとのことです。

山縣さんは、プロ歌手として二二年間、東京で歌手活動を続け、その間、日本のシャンソンのメッカである「銀巴里」に出演。一九九五年に帰郷し、現在まで広島を中心に歌手活動を続けています。阪神大震災時にチャリティー・コンサートを自ら企画し、売上金全額を寄付したほか、病院、学校、少年院などの施設への寄付活動も行っています。また、歌を通じて、二五〇カ所以上の場所でボランティア活動を展開しています。

山縣さんは被爆二世ですが、彼が今、特に原爆ドームにこだわっている背景には、彼の叔母さんの経験があります。「夫は被爆死、また息子は外地で相前後して戦死、という経験をした叔母さんの人生を考えるうちに、自らの使命としてチャリティーやボランティアの活動を始めるに至った。そして、原爆ドーム保存のための二四時間コンサートを開こうと決意した。」ＲＣＣ文化センターでの「京橋の杜」コンサートで、山縣さんはこう語りました。人気《ひとけ》のなくなる時間帯もあるのではないかと心配します。ぜひ、多くの皆さんに、このコンサートを応援していただきたいと思います。

もう一つは、同じく一六日に、郵便貯金ホールで午後六時半から開かれる、「被爆六〇年　平和への祈り」コンサートです。独奏は、世界的な活動をしているヴァイオリニストの若きホープ、長原幸太さんです。オーケストラは、東京藝術大学の教員と学生の有志が構成し、指揮は、藝大助教授の澤和樹さんが執ります。ヴァイオリン・コンチェルトだけからなるプログラムはユニークで、長原さんのヴァイオリンを堪能する良い機会であります。東京近辺なら、切符が即日完売する内容のコンサートだと聞いていますが、幸いにもまだ切符は手に入ります。なお、収益は、国連機関などを通じて、戦争の惨禍《さんか》に苦しむ海外の人々へ寄付されることになっています。

今回は、今月開催される二つのコンサートだけを取り上げました。しかし、被爆六〇周年を迎える今年、多くの皆さんがコンサートやイベントを開いて、被爆体験の今日的な意味、そして未来への展望について考える機会を提供してくれています。今年は、こうした取り組みについて、また、素晴らしい活動を続けている方々について、できるだけ多くご紹介したいと考えています。皆さんからの自薦・他薦情報もお寄せいただければ幸いです。

「Shall We Dance?」——「踊り」による広島の活性化

2005.6.25.

日本映画のオリジナル作品を、ハリウッドがリメイクしてヒットした最初のケースは、おそらく「七人の侍」を元にした「荒野の七人」だと思います。最近では、「Shall We Dance?」が話題になっています。オリジナルとリメイクが同じタイトル（日本版映画のタイトルは、正確には「Shall We ダンス?」です）というのは珍しいことです。オリジナルのほうは、周防正行監督、役所広司・草刈民代主演で、ハリウッド版リメイクの監督は、ピーター・チェルソム、主演はリチャード・ギアとジェニファー・ロペスです。

二本とも素晴らしかったのですが、最近観たという時間的近さから、アメリカ版の「Shall We Dance?」に感動した理由を考えてみました。それは、大きくかつ複雑な問題を多く抱えているアメリカ社会にあって、一人の人間として生きるために自己表現がいかに大切なのかが、しっかりと伝わってきたからです。それに、男性の目から見て、リチャード・ギアやスタンレー・トゥッチーの演技と踊りが素晴らしかったからでしょうし、それ以上に、太目の黒人青年を演じたオマー・ベンソン・ミラーのヴァーンが良かったからかもしれません。

名目は、婚約者をびっくりさせることでも、こっそり会社や同僚に反旗を翻すことでも、あるいは束の間のアバンチュールを求めることであってもよいのですが、本当に私たちが必要としているのは、世間の常識から離れ、最終的には自分自身を縛っている「自己」から解放されることなのだ。そういうメッセージが伝わってきたような気がしました。そこから新たなエネルギーが生じてくることも、よくわかりました。こんな思いが去来するうちに、映画を観終わりました。

なぜ、こんな思いに駆られたのかについても考えてみたのですが、昨年の暮にブレークして、日本中を興奮の嵐に巻き込んだ「マッケンサンバ」の印象が脳裏に残っていたからかもしれません。中年の男性が、チョンマゲ、着物でけっこう難しい踊りを踊る姿は、今の日本人が、どうしようもない柵の中から何とか抜け出したい、と心の奥で願っていた証拠なのかもしれません。その残滓《ざんし》が、私の心の中で「Shall We Dance?」に反応したと考えても、おかしく

コンテンポラリーダンスの練習風景

はありません。

同時に強く感じたのは、広島の未来が明るいということです。映画を観ながら、広島市民の多くが、社交ダンスだけではなくあらゆるジャンルの踊り、もっと幅を広げればパフォーミング・アーツにいかに長けているか、その結果として、いかに素晴らしい創造的なエネルギーが生み出されているかに思い至ったからです。

「マッケンサンバ」とともに私の頭に浮かんだのは、五年前の「国民文化祭・ひろしま二〇〇〇」、そして、二〇〇三年に開かれた「地域伝統芸能全国フェスティバルひろしま」です。

前者では、開会式に森下洋子さんと清水哲太郎さん、そして松山バレエ団が特別出演し、会場に花を添えてくれました。公式日程中のクラシックバレエやモダンダンス、ジャズダンスの公演は、呉市や大竹市といった広島市以外の場所で行われたために、出席できませんでした。しかし、国民文化祭の様子については、公演を見た職員や友人たちからの報告で、高い評価を受けていることを聞いていました。最終日に開かれた大舞踏会は、その一部をサンプラザで見ることができました。その雰囲気に浸って少し大げさに表現すると、「広島の文化は大丈夫」だ、と確信することができました。それというのも、踊りのもつエネルギーを直接、感じることができたからでしょう。

その思いがさらに強くなったのは、「地域伝統芸能全国フェスティバルひろしま」の開会式においてでした。「開催県アトラクション」として、初めて披露された広島平和音頭が圧巻でした。踊り手は全部で八〇〇人余とのことでしたが、会場一杯に、さらには客席の通路まで埋め尽くして揃いの着物で踊る姿は、一、〇〇〇人近くに見えるほどの存在感がありました。その踊り手の持つ灯籠の光が、平和のシンボルとしてとても印象的でした。

すべての分野を一言でまとめる言葉が見つからないのが不便なのですが、とりあえず、「踊り」という表現を採用することにします。広島で踊りが盛んなこと、そしてその質の高いことは、クラシックバレエの森下洋子さんを挙げれば十分かもしれません。それだけでなく、二〇年ほど前に広島に居を定めてから、モダンバレエやジャズダンスの分野でも熱心に活動している多くの人たちのいることに気づいて、嬉しい驚きを感じました。また、東京以上にディスコが流行っていることにも、広島のエネルギーを感じていました。こうした背景もあって、国民文化祭や地域伝統フェスティバルに触れる機会が私の経験の集大成としての感動を呼び覚ましたのだと思います。

しかし、それ以上に大切なのは、フラワーフェスティバルです。初めの頃からパレードの中心には、さまざまな形の踊りが繰り広げられていました。しかし、マンネリ化しそうな時期に取り入れられた「きんさいよさこい」が、通称「フラワー」を新たなお祭りに変えたといっても過言ではありません。

これが踊りの本質としっかり結びついている証は、県外から参加したチームが異口同音に語る、「こんな広い通りで、しかも長く踊れることに何よりも快感を覚える」という言葉に表れています。このように優れた「会場」のある長所を活かして、これまで以上にフラワーが活気づくためのアイデアを出していければと思っています。来年はフラワーが始まって三〇周年という記念すべき年。今から準備をすることで、少々奇抜なアイデアでも実行可能になるのではないでしょうか。

「Shall We Dance?」が先なのか、世の中の動きが先で、それを反映して映画ができたのか、定かではありません。しかし、最近、広島を訪れたアイルランドのリバーダンス（一一月には本格的な公演があります）や、被爆六〇周年という年にぜひ広島で公演をしたいというメールを送ってくれたアメリカのダンサーなども含めて、広島に関連のある踊りの輪が確実に広がりつつあるのは確かだという気がします。

輪を広げるための努力の一例として、安芸区民文化センターで行われた「コンテンポラリーダンス・ワークショップ」を紹介します。平成一四年度から一六年度までの三年間、第一線で活躍するダンサー・振付家を講師として招き、「コンテンポラリーダンス・ワークショップ」が展開されました。平成一四年度は川野眞子さん、平成一五年度は近藤良平さん、平成一六年度は伊藤キムさんが講師でした。

このワークショップには、コンテンポラリーダンスのみならず、ジャズダンス、バレエ、演劇など、幅広いジャンルからさまざまなレベルの若者たちが集まりました。そして、この三年の間に、全国的に高い評価を受けるダンサーも現れ、全国のダンス関係者に、「広島のダンスムーブメントが熱い」と認識されるようになっています。このような輪をさらに大きくすることで、広島により大きなエネルギーを集め、さらに元気な広島として結実することを期待しています。

ところで、現在の十代、二十代の若者たちは、どこでエネルギーを発散させているのでしょうか。心配になります。今や中年以上になっているかつての若者たちには、ディスコがありました。社交ダンスでも、バレエでも、民踊民舞でも、ジャンルは問いません。「Shall We Dance?」が一つの契機になって、「踊り」を通して、若者たちが新たなエネルギーの創造に関わってくれると嬉しいのですが。

4

草の根が担う

――教育と福祉

Age（高齢者になる）ではなく、Sage（賢くなる）

2003.4.10.

タイトルは言葉の遊びですが、本の題名にもなっています。"age"には、動詞で歳をとるという意味があります。"sage"は、名詞で賢人という意味です。現実には必ずしもそうではない例もありますが、私たちのほとんどは、歳をとるにつれて賢くなっていきます。そして肉体的にも、まだまだ若い人には負けないだけのエネルギーをもっています。

三月三一日に、鷹野橋職員会館で、市役所の退職者を送る会が開かれました。今年の退職者は六〇歳ですから、私と同じ歳の皆さんです。でも誰一人として、「お爺さん」、「お婆さん」という雰囲気の人はいませんでした。豊かな時代になり、栄養状態も改善されたので、これから一〇年も二〇年も元気で暮らすことになります。六〇歳とは、文字通り、第二の人生のスタートを切る歳なのです。

広島市が策定した「高齢者保健福祉計画」でも、その点を重視しています。この計画の柱の一つは、これからは高齢者が、社会の中で積極的な貢献をしていくという前提を設けたことです。そのためにも、「高齢者の価値観とライフスタイルの一大転換」が必要です。計画では、「見守り支えられる存在から、他世代と共に社会を創りだす存在へ」という方向性を、明確に打ち出しています。
そもそも、この計画において新しい方向を打ち出したのは、すでに社会の至るところで「転換」が起きているからです。私の耳に入ったいくつもの事例のうち、元気の素になりそうなものを、ここでは二つだけ紹介しておきましょう。

一つは、高齢者のベンチャーです。東京でベンチャー・ビジネスへの融資を仕事にしている友人の話によると、高齢者がベンチャー・ビジネスを起こした場合、若い人よりも成功率は高いそうです。その理由にも納得がいきます。まず、時間が十分にあり、お金の面でもそれなりの投資ができる。そして、長年培った何らかの技術があり、それだけでは十分でない場合にも、広い人脈を生かして、必要な技術やノウハウを比較的容易に見つけられる。その上、辛抱強い。少々の困難があっても、それを乗り越えて成功に辿り着けるだけの力がある。――この見解をもとに、市長選挙の公約には「高齢者ベンチャーの支援」を掲げました。

もう一つ、公約に関連した嬉しい発見があります。それはメンター制度についてです。メンター制度とは、大人一人が一人の子どもに付いて、一緒に遊んだり学んだりする時間を共有するシステムです。子どもにとって必要なアドバイスがあれば、一緒にいる時間を通じて、自然にそれも提供できます。フィラデルフィアにあるテンプル大学の、「アクロス・エイジズ」（世代を超えて）というメンター・プログラムでは、メンターに六〇歳から八五歳までの大人、つまり高齢者を活用して、素晴らしい成果を収めているそうです。一番の特徴は、このプログラムに参加するメンターと、プロテジェ（メンターと一対になる子どもをこう呼びます）とが、平均して一週間に四時間から五時間も、一緒に時間を過ごしているという事実です。これが、成功の一大要因なのだそうです。つまり、高齢者ならではの時間の使い方が、子どもたちにとっての素晴らしい環境を創り出しているのです。

もちろん、他所でうまく行っている例が、そのまま広島で再現できるとは限りません。しかし、こうした例を紹介することにより、世界中で頑張っている高齢者に伍して、私たちも頑張ろう、という気持ちにさせてくれる効果は期待できそうです。

孟母三遷――『子育ての大誤解』をどう読むか

2004.2.25.

このメルマガで何回かに一度は、私が読んだ本、あるいはその他の形で勉強した事柄について、皆さんに報告したいと思っています。素晴らしい広島市を創るにあたって、このような知的成果を、私と市民の皆さんとで共有することが大切だと考えているからです。

さて、今回は、広島市の女性教育センターをはじめ、これまで何カ所かで問題提起をしてきている事柄を取り上げたいと思います。最近、私が感じたことについての仮説も加えて、標記の本（ジュディス・ハリス著、石田理恵訳『子育ての大誤解』早川書房）についての感想を書いてみます。

この本の英語のタイトルは、『ザ・ナーチャー・アサンプション』、つまり「子育てについての仮説」です。日本語訳は、「子育ての大誤解」となっています。この本の内容を簡単にまとめれば、孟母三遷が大切だということです。心理学、医学、その他の学問的な成果をもとにして、孟母三遷の正しさを追証した本だといってよいと思います。

孟母三遷の話は、皆さん、ご存じだと思います。孟子の母は大変賢い人で、しかも教育熱心だったようです。孟子一家が最初に住んでいた所は、お墓の近くでした。ところが、子どもの孟子はお葬式の真似ばかりしている。これでは教育に良くないということで、商店のすぐ近くに引っ越しました。そうすると今度は、毎日毎日、孟子はお店屋さんごっこをしてお金の勘定ばかりしている。これもやっぱり子どもの教育には良くないと、孟子の母は考えたようです。ビジネスマンからみれば孟母の考え方に異議があるかもしれません。今度は学校の隣りに引っ越しました。すると孟子は、先生の真似、授業の真似をするようになりました。それで安心して孟子を育てることができ、その結果、孟子は偉い人になりました、というのが結論です。孟子の母の賢さのエピソード、あるいは教育環境の大切さのエピソードとして扱われています。しかし、ここに大事なメッセージが隠されています。

孟子の母ですから、大変賢い人です。その上、二回も住居を変えるほどの教育ママでした。子どもとのコミュニケーションも、おそらくうまく行っていたはずです。にもかかわらず、お葬式の真似事をしている孟子は、一緒に遊んでいる子どもたちとの関係を優先して、「お葬式ごっこは止めなさい」という母親の言い付けを聞かなかったのです。それが一度ならず、二度、三度と続いている点が重要だと思います。

ジュディス・ハリスさんは、この点に注目すべきだと言っているのです。子どもは十代にいろいろな行動を起こすけれども、家庭における教育は、子どものこのような行動にはほとんど影響を与えないと思ったほうがよい、とこの本の中で主張しています。そのことは学問的に実際に立証できたのだ、とも言っています。つまり、家庭の教育によって子どもの非行を止めさせようと思っても、それは難しいですよ、ということなのです。もちろん、それは不可能ではありませんし、努力を放棄してもいいと言っているのでもありません。しかし、難しいということは心に止めておくべきだと思います。

親には子どもに対する影響力がない、と言うとあまりに過激です。もう少し現実的な言い方をすれば、子どもにとっては、自分たちの周りの社会のほうがはるかに大事だということです。そのことが学問的に実証できた、とハリスさんは言っているのです。

これを典型的な例で示せば、アメリカ社会における子どもの言語習得が挙げられます。アメリカは移民の社会ですから、今でもたくさんの人が移住してきます。小さい子どもたちも、お父さん、お母さんと一緒に移住してきます。最近はベトナムとか東南アジアの人が多くなっていますが、キッシンジャーの頃ならドイツです。移住してきたお父さん、お母さんは皆、母国語のアクセントで英語を喋ります。ベトナムから来た人は、ベトナム語のアクセントで英語を喋ります。アメリカ国内、どこに住んでいても同じです。

ところが、一緒に来た一〇歳ぐらいまでの子どもたちは、ボストンに来れば、完璧なボストンのアクセントで英語を喋るようになるのです。周辺の子どもたち、あるいは社会の影響力より、家庭の影響力のほうが大きいのであれば、お父さん、お母さんの喋る英語を聞いているわけですから、ベトナムのアクセントで英語を喋るようになって当然です。その上、テレビを一緒に見ているのですから、テレビの標準的な英語を喋っていいはずです。しかし、標準的な英語は喋らず、その地域の子どもたちが喋っているボストン訛の英語を喋るようになるのです。これが一つの典型的な例で、そこから疑問が生まれたのです。

つまり、家庭の教育は何のためにあるのか。何のために、われわれは子どもたちを一生懸命に育てているのか、という問いに答えなくてはならないのです。私にも決定的な答えはわかりませんし、ハリスさんもその点についての明確な答えを示していません。宿題として、皆さんにも考えていただきたいと思います。最近、私は一つの仮説を考えつきました。ここで皆さんにお示しして、ご意見をうかがいたいと思います。

進化論的に考えると、家庭における最も大切な機能は、子どもを育てることだといってよいと思います。夫婦の絆も大切ですが、未来世代を育てることのほうが、人類存続という視点からはより大切です。とすると、家庭内で子どもたちが学ぶべき最も大切な事柄は、自分たちが親になったとき、どのように子どもを育てたらよいか、ということになるのではないでしょうか。親の背を見て、自分が大人になったとき、どのような親になればよいのかを子どもは学習しているのです。

それに対し、子どもたちが家庭から出て、より広い社会でどのように行動したらよいのかについては、実際の社会で身につける事柄だと考えるべきなのではないでしょうか。実社会での行動規範が、より大きな意味をもつからです。

この点を、最近の広島市での経験と照らし合わせて考えてみたいと思います。それは、暴走族問題に対する市民や地域の皆さんの対応の仕方、県警や市の職員の努力に関係があります。この二年間、多くの皆さんの努力で、暴走族の人数も団体数も減りました。アリスガーデンや袋町公園での蝟集《いしゅう》行為もなくなりました。しかし、本通りのゲームセンター前にたむろする子どもたちは、数は少なくなっていますが、相変わらずいます。

それに対する一つの応答として、たむろしている子どもたちの学校の先生や保護者たちが街頭に出て来て、地域の人々やボランティアなどと一緒になって、子どもたちへの声かけを始めました。驚くべき結果として、学校の先生や保護者たちに自分が誰だかわかってしまうことに、子どもたちはかなり敏感に反応したのだそうです。となると、保護者、およびその延長としての学校の先生の影響力について、ハリスさんの結論とは違ってくるのではないでしょうか。

この両者を矛盾なく解釈する一つの可能性として、子どもたちは、親や保護者、学校の先生には、家庭や学校という環境内では一定の反応を示す、しかし違った環境の中、たとえばより大きな地域社会の環境の中ではまったく違った反応を示す、ということが考えられるのではないでしょうか。このことが正しければ、広島市が掲げている、家庭、学校、そして地域が一体になって教育を推進すべきだという教育の大原則が、やはり大切であるという結論になりそうです。

この点について、市民の皆さんから率直なご意見をお聞かせいただければ幸いです。

「ほのぼの広島会」が起こした〝奇跡〟

2004.3.10.

「市民の市民による市民のための広島市政」を実現するために、私たちは行政の立場から努力しています。しかし、当然のことながら、行政の努力だけでそれが実現するはずはありません。

「行政の力のみで実現するものではありません」という表現は、議会における市側の答弁の中によく出てきます。市長として五年間、仕事を続けているうちに、このような表現にも違和感をもたなくなってしまっているのかもしれません。こうした点も含めて、市民の皆さんからみておかしな点は、厳しくご指摘いただきたいと思います。

さて、本題に戻ります。「市民の市民による市民のための広島市政」を実現する上で最も大切な柱の一つは、市民の皆さん自身による活動です。市の財政状態がどうであろうと、市民一人ひとりが生き生きと活動していなければ、その街に活気は出てきません。

幸いなことに、広島市では市民活動が盛んです。このコラムで紹介し切れないほど多くの素晴らしい活動が、市内の至る所で行われています。そのすべてを紹介できないことを心から残念に思いながら、偶然の判断に任せて、その中のいくつかを紹介したいと思います。

去る三月三日のひな祭りの日に、「ほのぼの広島会」からスポーツ用の車椅子を寄付していただきました。二〇〇〇年九月から今年の一月まで、三年以上をかけて、アルミの空き缶を集めることで購入した車椅子です。三日の式には、ほのぼの広島会の皆さんだけでなく、この会の活動に共感して車椅子をお世話してくれた販売店の代表、そしてこの車椅子を持って、アメリカで車椅子によるダンスのパフォーマンスを計画しているグループの代表の方たちにもご出席いただきました。

さて、この「ほのぼの広島会」は、一九九七年の一一月に五人の発起人で出発し、「無理なく楽しくボランティア」をモットーに、さまざまな楽しい活動を展開してきています。現在の正会員は五〇名を超えています。会の目的は、「体の不自由な人たちが、安心して気軽に外出できる『ほのぼの都市』をつくるために、地道に活動を継続する」ことです。

活動の中心は毎月一度の例会です。その例会が楽しいのです。私は一度だけ参加させていただきましたが、この例会が「ほのぼの広島会」の原点だと確信しています。その原点から、楽しくしかも活発な活動が生まれているのです。

たとえば、「ほのぼの車いすツアー」があります。「安全・安価・快適な車いすツアー」を謳《うた》い文句に、これまで一〇回ほどのツアーを開催しています。その他にも、「ほのぼのボランティア活動」として、広島市社会福祉協議会との緊密な連携のもと、救急救命講座や手話教室の開催、バリアフリー調査、古切手やアルミ空き缶の収集による車椅子の寄贈活動など、無理のない、しかも楽しい活動を続けています。

その一環として、「ほのぼの安心マップ」の作成にも精力的に取り組んでいます。具体的には、「繁華街バリアフリー・トイレマップ」、そして「心のバリアフリー・飲食店マップ」を作成、数万枚を印刷・配布しています。情報量の豊かさや確かさはもちろんのこと、デザイン的にも垢抜《あか》けていて、いつも手許に置いておきたくなるようなマップです。

こうした活動の中心になっているのは、一人ひとりの会員です。今回は、そのうちのお二人を紹介したいと思います。

一人は、井上わこさん。二〇年ほど前に交通事故で失明、自らも歌手として精進するかたわら、目の不自由な人たちのために、盲導犬などを寄贈されました。こうした活動により、広島市が一昨年に創設した市民賞受賞者の一人になりました。明るく前向きな人生観の持ち主です。できれば井上さんと一度、カラオケでデュエットを歌えたら、というのが最近の私の夢です。

もう一人は、柳川直樹さん。赤いバンダナを頭に巻いていることが多いので、「バンダナの直」というニックネームもあります。生まれたときから重度の障害があり、数え切れないほどの手術を受けながら、また、死の宣告を乗り越えながら、ほのぼの広島会の会員として元気に活躍しています。視覚と聴覚、その他の身体的および機能的な障害が多数あるのですが、障害に負けない生き方がいつも光って見えます。

タウンミーティングにも何度も参加してくれました。そして、触手話通訳――つまり指文字や触覚を通しての手話――を介して、多くの建設的な提案をしてくれました。街に出るのが大好きで、私も何度か本通りその他でばったりお会いしています。

その柳川さんに、昨年の秋、奇跡が起きました。突然、視力が回復し、下半身の障害の一部が消えてしまったのです。医学的にも、なぜなのか、当分は理解できそうにもありません。しかし、ほのぼの広島会のこれまでの活動があったからだといえば、何となく納得できるのです。それくらい素晴らしい活動をしているのが、この会だと思います。

これからも、ほのぼの広島会だけではなく、広島市のあちこちで、広島のため、世界のために活躍し続ける多くの人々の間で、もっとたくさんの奇跡が起きることを、私は信じています。

餞《はなむけ》の言葉

2004.3.25.

卒業式の季節になりました。広島市には、市立の教育機関として、幼稚園、小学校、中学校、高等学校、大学、それに看護専門学校があります。すべての学校の卒業式に出席することは不可能ですので、小・中・高については、それぞれ一校を選んで出席し、挨拶をしています。市立大学には毎年出席し、看護専門学校の卒業式は市議会の日程と重なるため、今年から、卒業生主催の謝恩会で簡単な挨拶をさせてもらうことにしました。

私の挨拶は、まず卒業生の皆さんに、「卒業おめでとう」と、市民を代表してお祝いをすることが主な目的です。加えて、保護者の皆さんにもお祝いの言葉を述べ、教職員の皆さんにはこれまでの努力をねぎらい、地域で学校を支えてくださった関係者の皆さんにはお礼を言わせていただいています。

せっかくの機会ですので、卒業生の皆さんの役に立つであろうアドバイスを、一つ、二つ、付け加えています。その内容は、小学校と大学では当然ながら違います。今回は、中学生、高校生にふさわしいのではないかと私が考えているアドバイスを、二つ紹介したいと思います。

一つは、友だちを大切にすることです。これからの人生において、多くの友だちを世界中につくること、そしてその友だちを大切にすることを強調しています。広島が発信してきた平和のメッセージの基本も、友だちを大切にすること、つまり、一人ひとりの人間を大切にするということにあるからです。

もう一つは、人生を計る物差しとして、時間を大切にしてほしいということです。大人の社会ではお金や物、名誉や地位も大切ですが、若い人たちには、それ以上に時間を重んじてほしいのです。つまり、自分が一番大切だと思うことに自分の時間を使う習慣をつくってほしい、というアドバイスです。友だちを大切にするということも、友だちと一緒に活動する、つまり、共に時間を過ごすことに意味があるはずです。どんなことでも、お金や物で簡単に済ますのではなく、自分の時間を大切に使う過程にこそ意味があるのです。そのことを、若者には頭の隅に

広島市立大学の卒業式にて

入れておいてほしいと思っています。

しかしそれは、一日中コンピュータゲームをしていてもよい、ということではありません。あるいは、テレビばかり見ている子どもをそのままにしておいてもいい、という意味ではありません。何が自分にとって、また自分の人生にとって大切なのか、自然にわかる人はそう多くはいません。しっかり勉強することで、あるいはさまざまな経験を積むことで——その中には世界を見ることも含まれます——、つまり、努力を重ねることによって見つけていかなければならないのです。

どう見つければよいのか、私個人としては何が大切だと考えているのか、それはなぜなのか。このような話の展開が頭に浮かびます。しかし、すべてを短い卒業式の祝辞で触れるわけにはいきません。若い卒業生の皆さんが本質的な問題を考える上で、私のアドバイスが一つの糸口になってくれればと願っています。

2004.4.10.

「ある家族」について

「春風夏雨」も二三回目になりました。書き始めてからほぼ一年が経ったことになります。広島市政の現状や今後の方針などについてご理解いただく上で、少しはお役に立てたでしょうか。これからも、役に立つだけでなく、わかりやすく楽しいコラムをめざしていきたいと思います。

さて、まったくの偶然なのですが、『文芸ひろしま』も今年の三月、堂々の第二三号を発行しました。『文芸ひろしま』は、財団法人広島市文化財団が、詩・短歌・俳句・川柳・小説・随筆・ノンフィクション・シナリオ・児童文学の九部門の作品を市民から公募し、一年に一度、入選作を発表する場として発行し続けてきた文芸誌です。（次回か

「文芸ひろしま」23号

らは二年に一度の発行）

毎年、感動的な作品に出会えることを楽しみにしてきました。今年も、期待通り、皆さんにぜひ読んでいただきたい作品がいくつもありました。全部を紹介できるとよいのですが、スペースがありません。ぜひとも、『文芸ひろしま』そのものを手に取っていただきたいと思います。ここでは、ノンフィクション部門で二席になった『ある家族』一つに絞って紹介したいと思います。

作者は、佐々木志穂美さん。その内容は、選者の言葉を借りると、「障害児三人を抱えた、肝っ玉ママと呼べばいいのか、もっぱら明るい」お母さんの、「ほんのささやかな独り言」（この部分は佐々木さんの言葉）です。

私がこの作品を皆さんに勧める理由の第一は、文章・内容ともに次々と発見があり、読み始めたら最後まで止められないほどの引力があるからです。言文一致という言葉がありますが、話し言葉がそのまま文章になっているのです。それだけでなく、言葉にはならない、作者の頭の中に浮かんでくるイメージや思いまで、そのまま文章になっている面白さが魅力的です。その文章が、右に行ったり左に行ったりしながらの、臨場感溢《あふ》れる記録となっているのです。長男の洋平君が生まれてから一四年間の佐々木家、特にお母さんの思いや成長ぶり、周囲の人々とのやりとりが、鮮やかに描かれています。

二番目の理由は、その一四年間を描くにあたって、事実をもって語らしめている点です。たとえば、「水分やどろどろにつぶした食事をひとさじずつ口に運ぶ作業に、長い日で一日八時間だっこしていた。知識もなく、どう育てたらいいのかわからなかったのだ。」という箇所があります。愚痴や恨みつらみではありません。淡々とした事実があるのみなのです。しかし、その一秒一秒の意味を真剣に考えずにはいられない一節です。

また、自分自身の心の動きを表現する際にも、語り手である作者は、その対象になる自分自身を客観的に捉え、いわば第三者として突き放しています。その上で、事実としての心の動きを追っているのです。演歌に象徴されるような自己憐憫《れんびん》の世界にはならないのです。とはいえ、作者の視点は一行ごとといってよいほどに変わります。いや、一つの言葉が二つの視点からの意味を伝えている箇所さえあるのです。しかし、どんな場合でも、作者、つまり観察者としての立場と、観察される対象としての立場がうまく溶け合っています。それがまた、佐々木家のエネルギー源の一つになっているように思えました。少し大げさにいえば、人間のもつ可能性を信じられる表現、ということになるでしょうか。もちろん、別の読み方もあるはずです。

第三の理由は、素直さです。外国の実話をもとにしたテレビドラマの中で、ダウン症児の母が語ったという言葉を、佐々木さんは引用しています。

「卒業旅行で、自分の乗った飛行機だけオランダに着いてしまった。みんなは、今、イタリアで何をしているだろう、それぱかり考えて、今、自分の目の前にひろがっているチューリップ畑や風車のすばらしい風景を私は見てなかった。」

「そのとおりだと思った。――中略――だけど、今思えば、当時はとてもそうはできてなかった。」と、佐々木さんは続けています。しかし、現実を受け入れ、喜怒哀楽のすべてを素直に受け止め、ひたむきに生きる素質が、もともと佐々木さんにはあったのでしょう。あるいは、一四年という時間をかけて身につけたのでしょうか。『ある家族』の清々しさは、佐々木さんのこの素直さに由来しています。

欲張りかもしれませんが、次の作品も期待しています。たとえば、夫のヒロさんならこの家族をどう描くのか、違った視点からの『ある家族』が読めたら素晴らしいと思います。

以上は個人的な感想です。ほかにも、保育所や学校の役割、そこで働く職員と保護者との連携などについても、改めて考えさせられました。『ある家族』だけでなく、『文芸ひろしま』からはいくつかのヒントを得ることができました。この点については、次回にまとめてみたいと思います。

「ある家族」について（続）

2004.5.10.

カナダとアメリカへの出張のため、このコラムを一度、休ませていただきました。現地での日程が、予定以上に過密だったためです。

さて今回は、前回の最後にお約束したとおり、『ある家族』についての感想の続きをお届けします。前回の最後に、「保育所や学校の役割、そこで働く職員と保護者との連携などについても、改めて考えさせられました。」と書きました。その中身を少し詳しく説明したいと思います。

『ある家族』の中に登場する保育所や学校はみな立派な施設であり、保育士や所長、先生や周囲の保護者、友人・知人等々も、一、二の例外はあっても、みな素晴らしい人々であるように佐々木さんは描いています。それぞれ問題は抱えていても、佐々木さん一家、特に三人の子どもたちに対し、良い環境を与えています。人間としても、私たちがお手本にしたくなるような生き方をし、理想的な人間関係をつくっている人たちが中心になっています。

しかし、こうした出会い以前には、「歩いて行ける近所の私立」では「毎日、苦情を言われ、昼には帰された。私が心を病みそうになり……」という経験をしています。その上で、「少し遠いこの保育所にかえた」わけですから、すべてがバラ色というわけではありません。私の耳に入るのは、どちらかというと、「歩いて行ける近所の私立」と同じようなケースです。（良い環境で満足している人たちが、たとえば「オフィス・アワー」にわざわざ来ることはあまりないからです。もう一点付け加えると、佐々木さんの経験がもとになっているので「私立」と書きましたが、当然のことながら、すべての私立保育園に問題があるといっているわけではありません。念のため。）

子どもの育つ環境にまったく問題がなければ、いうことはありません。そのような理想的な環境を創ることを目標に掲げ、その実現のために努力することが、特に行政の施策としては求められます。そのためには現実的な対応が必要です。子育てにおいて、特に障害のある子どもたちが必ずしも満足できない環境に置かれたときに、その環境を改善できる、あるいはより良い環境を選択できるシステムが整っているかどうかが問題です。つまり、子ども一人ひとりのニーズに応えられる保育所であり、学校であるかが問われるのです。保育所や学校の全体をシステムとして考えた場合にも、同じことが問われているといってよいのではないでしょうか。

残念なことに、広島市だけでなく全国的にみても、行政が百パーセント子どもたちのニーズに応えているとはいえないのが現状です。その行政を変えるために、子どもたちの立場を代弁する保護者たちが、息の長い努力を続けています。たとえば、千葉県船橋市に「特定非営利活動法人ちばＭＤエコネット」という団体があり、定期的にニュースレターを送っていただいています。そこでは、多様な活動の一環として、知的障害のある子どもたちが高校に進学できるよう、またその後は自立して生活できるよう、障害者にやさしい環境をつくるための活動に取り組んでいます。

なぜ、行政の側でもっと積極的に対応できないのか、長い間、不思議に思っていました。しかし、行政の側からものをみる立場になって、その難しさもわかってきました。難しさの一つは、多くの子どもたちのニーズを満たすためには多くの人が必要になり、また、施設や教材なども揃えなくてはならないことです。そのために、結果として莫大な費用がかかるのです。また、集団として身につけておいたほうがよいことも多々あり、「多くの」子どもたちに同じものを提供するという視点も大切だからです。

つまり、「標準的」な、あるいは「画一的」な面も必要なのです。しかし、それとともに、どうしても満たされるべき個人のニーズがあることを理解しなくてはなりません。個人のニーズを満たす仕組みがシステムの中に織り込まれているかどうかが問われるのです。少し乱暴な比喩を使えば、すべての人が、手作り、あるいはオーダーメイドの服を着るわけではありません。基本的ないくつかの形の既製服を標準的なものとして採用しながら、しかし、それでは対応できない場合、対応すべきではない場合に、オーダーメイドで対応できるようなシステムをつくればいいのです。

それでも費用の問題が絡んできます。諸外国では当たり前の少人数教育さえ満足に実現されていないわが国の状況を考えると、一人ひとりのニーズに応えるという当たり前の目標さえ、あまりにもラディカルな主張になってしまいがちです。

しかし、最終的には、子どもの教育を最も重要視しないような社会は長続きしません。辛抱強く、ときに妥協を繰り返しながらも、理想に近づく努力を続けなくてはなりません。その際、子どもたち一人ひとりに関わる人間が、柔軟かつ現実的な姿勢をもつことが必須です。『ある家族』では、そのモデル的な対応の例が具体的に示されています。そんな姿こそ、二回にわたって「創造的官僚制度の創造」として問題提起したときに（本書二三七頁）、頭に描いていた行政の職員、創造的な「お役人」のイメージです。

「ちばＭＤエコネット」の活動についても、最近、元気の出る報告をいただきました。ＮＰＯから県行政に事業提案ができる千葉県の新たな制度を活用して、「ちばＭＤエコネット」が「ノーマライゼーション相談事業」を始めることになったのだそうです。「ちばＭＤエコネット」が県に事業を提案し、県庁の健康福祉政策課、障害福祉課、雇用労働課、また県教育庁指導課、特別支援教育課といったたくさんの関係各課と協議した結果、協働事業としてのスタートを切る手はずになったとのことです。

広島市でも、いま検討中の市民提案型、あるいは問題発見型の補助金制度の仕組みを早く実現し、このような提案を生かせるようにしたいと思います。そうすれば、しばしば目にしてきた「対立」から、「協働」に向けての新たな道が開けるのでは、と希望が湧いてきます。

この点も含めて、私自身も一人ひとりの子どもたちのニーズに応えられるよう、努力を続けたいと考えています。

Delayed Gratification——時間をかけることの大切さ

2004.12.10.

行く年への思いと来る年への期待が交錯する季節になりました。お歳暮やクリスマス、そして新年のお年玉も含めると、商業活動が盛んになる季節でもあります。事実、アメリカの小売業の「常識」では、一年間の売り上げのほぼ半分が、この季節に集中しているとのことです。広島市でもドリミネーションをはじめ、各地域の商店街がそれぞれに工夫を凝らして、楽しい雰囲気を創り出しています。

本通りも歳末の装いに工夫を凝らしています。しかし、季節的な変化もさりながら、店の並びもかなり様変わりしています。若者向きの店が増え、コーヒーショップなどの飲食店も増えて、新しい感じの街並みになっています。最近気づいた印象的な変化の一つは、昔からの楽器店が三、四階に移り、一、二階がペットショップになっていたことです。そういえば、電車通りの角にあった昔からの書店も、携帯電話店になっています。

今の時代に人気のある商品を提供することがビジネスの基本、特に小売業の大原則ですから、時代の流れに沿った対応であることには違いありません。楽器よりペット、そして本よりは携帯電話のほうがよく売れているということなのだと思います。同時に、商店街の移り変わりが反映している、より大きな社会の傾向そのものについても考える必要があるように思います。それを、さまざまな視点から取り上げることが可能でしょう。今、私の念頭にあるのは、タイトルの言葉、「delayed gratification」、そしてその反対の表現である、「instant gratification」です。

もう二〇年も前になりますが、アメリカの大学で同僚たちと世の中の移り変わりについて議論したことがあります。そのときにも、この対比は中心的なテーマの一つでした。科学技術と社会の関連を論ずるときには、常に中心テーマの一つになる対比です。「instant gratification」とは、求めた結果として即座に満足（感）が得られることを指しています。うまい訳語が見つかりませんが、「即席満足」と呼ぶことにします。反対に「delayed gratification」は、即座にではなく、時間がかなり経ってから得られる満足（感）を指します。流行語を借りて、「スロー満足」と呼んでおきましょう。

たまたま私が気づいた本通りの変化は、スロー満足を提供する店から、即席満足を提供する店への移り変わりでした。本を買っても、読まなくては楽しみは味わえません。楽器も、練習しなくては満足な音は出せません。対して、携帯電話は、買った途端に誰かと話ができる、写真さえも送れます。そしてペットも、買った瞬間から可愛いことはいうまでもありません。（一言お断りしておきますが、ペットを「即席満足」の代表にするつもりはありません。ペットの面倒を見たりすることには、大きな意味があります。生き物、そして生命について、具体的なレベルで自然に学べる、子どもたちにとってかけがえのない存在がペットです。また、ペットによって心の癒される大人も増えています。ここでは、楽器とは違って、練習しなくても満足できる点に注目しています。)

しかし、同時に私たちが考えなくてはならないのは、社会全体として、この方向が加速することについて、少しくらいは心配しなくてよいのか、という点です。ここで私が、「この方向」と呼んでいるのは、原因から結果までの時間を短縮するための商品やサービス、そしてシステムが増殖していくことです。また、誇張した表現を使えば、お金さえあれば何でも手に入る、時間さえも手に入る、といった感じの社会のあり方です。

そのためには、科学技術が不可欠であることは周知の事実です。大きなビルくらいの大きさのコンピュータでなければ扱えなかったような操作が、手のひらに収まる電卓で済むようになったのは、二〇年以上も前のことです。現在は、小さな図書館全体が、持ち運びのできるDVD一枚に収まるような時代になっています。現像するまでは、撮れているのかどうかわからなかった写真も、デジカメを使えばその場で見ることができます。郵便配達人の足音を待つことなく、電子メールで二四時間以内に返事をもらうことも当たり前の時代になっています。

確かに、便利な時代であることはいうまでもありません。しかし同時に、このところ脚光を浴びている学力の問題だけを取り上げても、大きな危機に直面しているのも事実です。国際比較をするまでもなく、日本語の読解力や数学の力をつけるためには時間がかかります。言葉や数字、そしてそれらを支えている文法や論理を（しばしば暗黙裡に）理解し、内面化しないと、つまり自分の血肉にしないと、このような力にはなりません。そのためには時間が必要です。「幾何学に王道はない」という言葉のとおり、特別の秘法があって、それをマスターすれば力がつくというわけではないのです。音楽や絵画などの文化や芸術の世界、スポーツ競技でもそうです。世界的な競争力を誇る製造技術などの分野でも、時間をかけることの重要性に変わりはありません。

人類の進化という大きな枠組みで考えても、内面化することこそが重要なのです。広い意味での教育の目的も、まさにここにあります。しかし、学校教育・義務教育だけを考えても、難しい問題が山積しています。では、どうすればよいのでしょうか。

ここで教育論を基本から展開するつもりはありません。一つ、二つのポイントにのみ触れておきたいと思います。一つは、長い間に蓄積された人類の知恵を生かすことの大切さです。謙虚に先人の知恵から学び、それに私たちの努力の成果をほんの少し付け加える。そのプロセスを大切にしたいと思います。古ければそれだけで価値がある、という意味ではありません。人類が試行錯誤しながら蓄積してきた知恵の、一番優れた部分を生かしていくことが大切なのです。

もう一つは、人間的なつながりの重要さとその魅力です。子どもたちにとって、すべての大人は「教師」です。その大人の生き方から、子どもたちは多くのことを学んでいます。学校の先生も、近所のお店のおじさんやおばさんも、そしてテレビの中の大人も、立派な「先生」なのです。その先生たちを真似ながら、あるいは反発しながら、子どもたちは生きる姿勢を学んでいきます。多くの場合、私たちは「先生」としての役割を無意識のうちに果たし、子どもたちも無意識のうちに「先生」から学習しているのです。この点を忘れてはならないと思います。

このプロセスに節目があるとしたら、新たなエネルギーや動機を得る「感動」、そして子どもたちが必ずどこかで味わう「挫折」でしょう。子どもたちが成長する過程で、私たち大人が意識的に手伝えることは限られています。しかし、このような節目において子どもたちとどう接するか、また、各自の経験に基づいて、感動を与える場をいかに自然に準備できるかという点について、まだまだ大人たちの努力は不足しているのかもしれません。

市の施策の中では、メンター制度や少人数教育を推進しています。大人と子どもが一対一で向き合い、あるいは学校の中で先生と子どもたちとの距離を縮めて、創造的な人間関係をつくろうとしています。それによって、スローな満足感をもたらすという教育目的を達成しようとする意図もあるのです。

当然、子どもたちにもスローな満足を求める気持ちはあります。大人との良い関係をつくりたいという動機もあります。同時に、大人の世代とは一線を画した自分たちの世代の世界をつくりたいという強い欲求もあるでしょう。だから、大人の世界観とミスマッチを起こすこともしばしばあるのです。

しかし、「即席満足」と「スロー満足」という視点から問題を整理することで、ミスマッチの模様が少しは見えてくるような気がします。

クリスマスはもうすぐです。かつては、「そんなことをすると、サンタさんからプレゼントをもらえないよ」という警告が、一年中、効力をもっていた時代がありました。「スロー満足」の時代だったからかもしれません。時は変わり、現在、お正月、誕生日、こどもの日等々、プレゼントをもらえる機会は増えています。子どもたちにとって、クリスマスも多くの機会の一つ、「即席満足」のもう一つの機会になってしまっているとしたら、ちょっと悲しい感じもするのですが——。

外国語教育について考える（その一）——私の英語勉強小史

2004.12.25.

月刊の雑誌は、「何月号」と銘打ってあっても、その前の月に発売されます。たとえば、新年号なら一二月初旬か中旬の発売です。子どもの頃、なぜそうなのかが話題になったことがありました。白分たちの都合だけを考えていたせいだろうと思いますが、一番納得できた答えは、「付録が一番多い新年号が、クリスマス前に発売されるように。」でした。「正解」をご存じの方、出版社側の考え方をご教示いただければ幸いです。

理由は何であれ、たとえば四月号が三月に発売されることで、私は大きな恩恵を受けています。年は昭和三〇年、西暦では一九五五年です。その頃の子どもはほとんど、「カム・カム・エブリボディー」の平川唯一、松本亨といった名前は知っていました。それはともかく、四月からは中学で英語の勉強が始まる、ということで、ＮＨＫの「英会話」講座テキストを手に取ってみました。しかし、文字通り、ＡＢＣから勉強を始める私には高級すぎました。幸いなことに、隣りに柴崎武夫先生の「基礎英語」のテキストがありました。結局、私は一年にわたって、月曜から土曜までの毎朝六時からの一五分間、「基礎英語」を聞くことになりました。まだ、タイマーやクロック・ラジオが簡単に手に入る時代ではなかったので、目覚まし時計を改造して、六時になるとＮＨＫの第二放送が聞こえる装置を作りました。

『聖しこの夜』をはじめ、今でも英語で歌える歌のいくつかは、「基礎英語」で覚えたものです。ブラウニングの詩に触れ、クリスマスの意味を知るなど、英語の勉強をする上で最も役立ったものの一つが「基礎英語」だったことに、疑問の余地はありません。現在でも同じような番組があります。英語の勉強を始める皆さんには、まず「基礎英語」か、それに匹敵する番組を継続して聴くことをお薦めします。

今、振り返って大切に思えるのは、歌だけでなく、多くの文章を覚えたことです。当然、そのためには、覚えたいと思うような内容や挿絵、覚えやすい文章などが必要です。その点、柴崎先生のテキスト、そして先生の声には大きな魅力がありました。願わくは、この年のテキストを復刻して使うことができれば、と思うほどです。

思い返せば、辞書も大いに活用しました。知らない単語を調べるのが、辞書を引く目的です。しかし、辞書の使い方はそれだけにとどまりません。私の持っていた辞書には、単語の意味の後に、役立つ例文がたくさん載っていました。それも、今思うとかなり高級な文章でした。「duty」という言葉だけでなく、ネルソン提督がトラファルガーの海戦で述べた言葉、「England expects every man to do his duty.」も一緒に憶えました。後々、役に立つ表現をたくさん憶えることができたのです。

高校二年のときに、AFSという制度によって、イリノイ州シカゴ近くの町に留学しました。この約一年が、英語の勉強に大きく役立ったことはいうまでもありません。英語の勉強だけではありません。若いうちに、環境や文化がまったく異なる社会で生活することには、計り知れない価値があります。私だけでなく、同じ時期に留学した仲間のほとんどは同じ思いです。私たち大人が、若者のために、このような経験のできる環境や条件を整える義務を負っていると、私は考えています。

英語の勉強という点から留学時代を振り返ると、いくつか重要な教訓を得ることができます。一つは、語彙《ごい》の大切さです。たくさんの単語の意味を知らなければ、会話にならないのです。アメリカの高校でも、単語を憶える宿題が出るくらいですから、この点は「ネイティブ」云々の議論を超えています。詩や文章を記憶する宿題も、日本より多く出ました。いつも英語を使っている人たちでも、意識的に記憶しなくては、良い英語が身につかないのです。とすると、外国語として英語、あるいは他の言葉を勉強する立場にいる人たちにとって、記憶はもっと大切にしなくてはならないはずです。

これと関連がありますが、とにかく一日に何十ページも本を読むことも大切です。アメリカの高校では、分厚い教科書の何ページから何ページまでを読んできなさい、という宿題が毎日のように出ました。その内容を理解できたかどうかは、「クイズ」と呼ばれる簡単なテストで調べられます。ですから、サボれません。こうして、読書量が読書力をつけてくれるのです。これは高校だけでなく、大学や大学院でもまったく同じです。社会人になっても、本を一冊渡されて、それをマスターすることを前提に仕事を与えられたり、その成果によって給料やボーナスが決まったりということもよくあります。

さらに、この時、タイピングを習ってタッチタイピングができるようになったことが、コンピュータ時代となった今、生きています。もう一つ役立ったのは、スピーチの授業でした。良いスピーチをするためには準備が必要です。そのために、メモをもとに頭の中にある内容を話す、という訓練を受けました。原稿を用意して読み上げるという方法ではないのです。また、ディベートの基本や発声法の基礎なども教わりました。

これらと同じほど、あるいはそれ以上に役立ったのが、一口でいえば、「勉強の仕方」の習得です。図書館の使い方やレポートの書き方、問題解決の方法など、「知的な作業の方法論」の初歩とでもいうべき知識を身につけることができました。英語の授業では、小説の書き方のイロハまで教えてもらいました。粗筋づくりから始まって、登場人物の性格づけまで、手順を踏めば一応は小説らしき作品ができるまでの手ほどきを受けるのです。もちろん、出来の良し悪しは別です。クラス一同、とても楽しんだ記憶があります。

留学を終えて日本に帰り、大学に入ってからは、アルバイトを通して英語の勉強を続けることになります。一つは、外国からの観光客を案内するガイドです。一番印象に残っているのは、カナダからのお客さんとともに、夜中の富士登山をしたことです。
それ以上に英語力の向上に役立ったのは、通訳の仕事です。原水爆禁止世界大会の同時通訳のための訓練を受けたのが、私の通訳者としての第一歩でした。その後、経済成長とともに通訳の需要が増え、さまざまな分野で通訳をしながら技を磨きました。大学で教えるようになってからも、手伝ってほしいと言われる機会が多く、休みの日などを使って、いわば「趣味」として通訳を続けました。鉄鋼、自動車、石油、ITなどのビジネス関係の交渉はもちろん、低温工学や内視鏡の学会、飼料や穀物についての農業会議、政府間の公式会議、教育や文化の会議まで、さまざまな交渉や会議の場で通訳をしました。それどころか、結婚式の披露宴から禅宗の老師による接心まで、ずいぶん幅の広い分野で通訳を任され、とても勉強になりました。また、通訳養成学校で、自分の経験をもとに教鞭を執ったこともあります。

通訳には楽しいエピソードも多くあります。しかし、同時通訳の経験者がたくさん本を出していますので、ここでは私個人にとって勉強になった点を、一つ、二つ、紹介しておきたいと思います。通訳をするためには、まず、その分野の知識がなくてはなりません。語彙が勝負だという分野もあります。しかし、それ以上に、その分野の全体的な構造を論理的に把握しているかいないかが、勝負の決め手になると私は考えています。ですから、会議の主題について、短時間で勉強する必要があります。

その点、アメリカの高校で学んだ速読術が役に立ちました。

しかし、通訳をする上で一番大切なのは、リズムなのではないかと、私は長い間信じてきました。リズムの代わりに波長といってもいいかもしれません。話者のもつリズムを自ら感じ取り、それを別の言語のリズムに置き換えて発信する。それが通訳の仕事の本質だと、私は考えています。

良い話者の場合、自分でエネルギーを創り出さなくても、通訳はできます。ですから、仕事そのものとしては楽な面があります。

対照的に、自分で話すには別のエネルギーが必要です。大学での講義も、それなりにエネルギーを要します。それでも教師対学生という力関係がありますから、つまらない講義でも学生は我慢してくれる傾向があります。

しかし、政治家のスピーチは、自らエネルギーを創り出し、しかも聴衆にそれが響くようでなければうまくいきません。そのあたりの基礎をアメリカの高校で教わっていたために、ずいぶん助かってはいます。しかしそれでも、心に響くスピーチを、しかも英語で行うのはかなり大変です。まだまだ努力を続けなくてはなりません。

外国語教育について考える（その二）――『言語政策としての英語教育』をもとに

2005.1.10.

「日本人と英語」というテーマが掲げられると、必ずといってよいほど出てくるのが、「日本人は英語が苦手だ」という自己評価です。さらには、「あんなに何年も英語を勉強して、なぜもっと上手に喋れないのか」といった嘆きです。もっと自由に喋ることができれば、という気持ちはよくわかります。しかし、英語教育を考えるためには、このような気持ちだけを拠り所にするわけにはいきません。事実に即した分析をもとに、専門的な知見を生かしつつ、どのような教育が必要なのかを考える必要があるのです。

広島修道大学の山田雄一郎教授による『言語政策としての英語教育』（渓水社刊）は、そうした立場から、「どのような教育が必要なのか」という問いに真正面から答えてくれる力作です。英語教育だけでなく、日本語教育、そして教育全般について関心をおもちの方には、ぜひ一読をお薦めします。

その概要を知るには、小学校での英語教育に関する山田先生の提案を簡単に紹介することが、一番近道だと思います。

まず、小学校の一年生から四年生までは英語を教えずに、「日本語（literacy）と算数（numeracy）を中心に基礎的学習を心がけることが大切である。反復的な要素は、学習の習慣づけにとっても重要で、いたずらに知識の範囲を広げるのではなく、的確な判断の基礎を養うよう心がけるべきである。」

山田提案では、英語の学習を開始するのは、小学校五年生のレベルからです。「この段階でのねらいは、日常的な語彙の拡大、リスニング、発音、口頭での簡単なやりとりなどに置く。語彙の拡大を目指す意味から、導入語彙の制限は行わない。」

次に、小学校六年生では、「機能語を導入し、文構成の基礎を学ぶ。語句単位を基礎にリーディングを導入する。語彙制限は行わない。」

全体像を理解していただくため、中学以降の英語教育についても触れておく必要があります。

中学校では、「文レベルの練習に移行する。ライティング導入。三年間を通して、四技能（リスニング、スピーキング、リーディング、ライティング）を中心として明確な到達目標を設定する。従来の文法項目中心の三年間完成型の指導ではなく、各学年ごとに英語力の伸展が見えるような指導を行う。」

さらに高校では、「英語を含めたすべての外国語を選択とする。二言語まで選択することができる。対象となる外国語は、各高等学校の自由裁量とし、学校毎の特徴が出るようにする。英語については、中学校までの学習をさらに段階的に発展させ、最終的には実用に耐えうる能力を身につけることを目標とする。（例　ＴＯＥＦＬ五五〇点レベル）」

最後に、「大学入試は、英語（その他の外国語）能力の申告制とする。その基準は、日本独自の能力検定試験を開発するか、TOEFLやTOEICなどの能力試験を利用して定める。また、センター試験を改良することも可能である。一定の能力を目標にすることによって、入学試験が目的になっている現在の外国語学習の弊害を緩和することができる。」

以上が山田提案の骨子です。大切なのは、英語教育をより広い言語教育、言語政策の一環としてきちんと位置づけることから議論が始まっている点です。

実は私は、個人的に義務教育の目的を、「言語」を含む最低四つの「表現手段」を身につけること、と規定したらよいのではないかと考えています。この「表現手段」の中には、言語の他に、芸術的な手段、スポーツ、そして数学が入ります。そう考えた場合でも、「言語」政策をどう組み立てるか、という問題を避けるわけにはいきません。

とすると、山田提案の最も重要な点は、小学校四年までの内容にあるとさえいえそうです。なぜなら、このような大きな枠組みの中で、日本語と算数をしっかり教えることが最重要であり、そのための独占的な期間としてこの四年間がある、という位置づけができるからです。そのために、現在のカリキュラムを大幅に変えることも当然、考えるべきだと思います。その前提条件が満たされていると仮定すれば、英語教育についての山田提案は、小学校四年までの教育の自然な延長になり、教育効果も上がるのではないかと思います。

より幅広く山田提案を解釈すると、まず、言語教育の目的を明確に捉え直すこと、次に、その目的達成のために有効な手段を選ぶこと、そして最後に、その手段を使える人材を育成して教育を担当してもらうこと、と整理できるように思います。私も、このような形で問題を整理し、教育に力を入れることには大賛成です。

さて、問題はその言語教育の目的です。私は、コミュニケーション能力をつけること、しかも言語を使ってコミュニケーションを行える力を身につけることだと考えています。

「もっと英語ができるようになりたい」と言う人の中には、実はコミュニケーション能力の欠如が原因で、思うように英語が使えない人がいます。アメリカで出会った多くの日本人を頭に浮かべてみると、たとえば、「自分は英語ができない」と思い込んでいる人でも、実際にはけっこううまく喋っています。極端に単純化して説明すると、喋ることは喋っていても、その内容が、事実や論理よりは、自分の価値判断をただ述べているだけの場合が圧倒的に多いのです。その上、「なぜそう思うのですか？」と聞かれると、返事ができない。そこでコミュニケーションは止まってしまうのです。

日本社会での会話の多くは、このパターンに似ています。議論をしているつもりでも、自分の思い込んでいる結論だけを何度も喋ることが中心になってしまっているのです。データを確認し、共有し、その上で分析し、結論を導くという共同作業ができていないのです。日本語を使う場合でも、こうしたやり方を改めていくことが大事なのはいうまでもありません。それが、実は、英語でのコミュニケーション能力をつける上でも非常に大切なのです。

もう一つ大切なのは、日常的に使っていなければ、言葉を忘れたり使えなくなったりしても当たり前だという事実です。私自身の経験でも、一九六八年に渡米し、大学院レベルでの勉強を続けて三年ぶりに日本に帰ってきたとき、家族や友人たちから、「お前の日本語はおかしい」、「日本語が下手になった」と言われてびっくりしたことがあります。三年間、日本語をほとんど使わずに生活していた結果です。母国語の日本語でさえそうなのですから、たまに学校で習う外国語が変だったり下手だったりするのは当たり前です。それを前提に、どう効率的に勉強すべきなのかを考えるべきなのです。

発音がネイティブスピーカーのようにできない、という悩みも深刻なようです。これについても、目標の設定、そして目標を達成するための手段が間違っている場合が多いように思います。

まず、自然な形で言語を習得するには、その言語の発音を聞き分ける耳をもつ必要があります。しかし、経験的にみると、ある年齢以上になると自然に聞き分ける能力は固まってしまって、それ以上には開発できないようです。境界は、だいたい高校あたりだと思います。ですからそれ以後は、外国語を聞くだけで発音が良くなるという可能性は小さくなります。

となると、後は技術的に発音を習得するしか方法がありません。日本語との違いで誤解を生じやすい音は、まずは短い「イ」と長い「イー」、次に「r」と「l」、さらに「s」と「th」くらいです。「s」と「th」の違いは、舌を歯で挟むかどうかの「技術的」な違いだと教えられていますので、あまり問題はありません。「イ」と「イー」の違いは、気づけば意図的にコントロールできる範疇《はんちゅう》に入ります。これも技術的な問題です。

「r」と「l」は、音声を波形として捉えると違いはなく、その波形がどれだけの時間続くかが違いである、ということを、フィンランドの言語学者から教えてもらったことがあります。その視点から、つまり正確な理解に基づいた技術の習得という立場で、「r」と「l」の発音を練習したほうが効果的なはずです。

もちろん、これで英語教育の問題がすべて解決するわけではありません。しかし、目的を明確にした上で、そのために有効な手段を使うことの大切さについてはご理解いただけたのではないかと思います。

教える立場の人がいかに重要であるかは、いうまでもありません。そして現代は、立派な英語の先生が至る所にいるといってもよい時代です。しかも、日常的に英語を使う機会は、インターネットの普及とともに増えています。若い世代の日本人にとっては、良い環境が整っているのです。残されているのは、山田提案のようなしっかりしたプランをもとに、英語教育、そして言語教育の刷新を図ることです。二一世紀を背負い、世界に羽ばたく若者たちを育てるために、私たちの世代がこの責任を果たしていく必要があります。

5　広島らしさを育てる

——産業と街づくり

水素エコノミー（その一）

2003.7.10.

私にとって読書は、趣味というより、「活字中毒」とか「衝動」だといったほうが適切かもしれません。とにかくたくさんの書物・雑誌・書類に目を通しています。そんな中で何年かに一度、「自分で書きたかった」と感じるような本にお目にかかることがあります。ジェレミー・リフキン著の『水素エコノミー』（柴田裕之訳、NHK出版刊）は、最近、特に強くそんな感じをもった一冊です。誤解を避けるために、「自分で書きたかった」と感じる本とそれ以外の本との違いについて、一般論として詳しい説明をしたいのですが、それは機会を改めてということにします。今回は、『水素エコノミー』の内容を説明したいと思います。

今、広島市では、「未来エネルギー研究機関」の立地誘導を目的に研究会を開催しています。メンバーは、燃料電池に関心のある企業と研究者約二〇名です。この研究会に至るまでの道筋を辿ると、その出発点は二〇〇〇年の秋、デトロイトにアメリカの自動車三大メーカーの一つであるジェネラル・モーターズ（GM）を訪ね、広島の自動車関連技術評価のための調査団を派遣してもらう合意ができたことです。ＧＭは約束通り、三つの調査団を数回にわたり派遣してくれました。その結果、第一の調査団の「部品調達」分野では、その後、二一社が世界最適調達リストに登録され、ＧＭも含めた販路拡大という大枠で、これまでに約二〇〇億円の成約があったと聞いています。また、第二の調査団、つまり「デザイン」分野の調査団の来広が出発点になって、広島自動車デザイン開発会社が立ち上がりました。そして、三番目の調査団である「Ｒ＆Ｄ」分野の専門家が広島大学の研究陣に対して高い評価をしてくれたのが、未来エネルギー研究機関の立地誘導を始めるきっかけになりました。

世界の自動車メーカーが、現在、最大の関心をもって開発しているのが燃料電池であることはいうまでもありません。広大の研究者の中にも、この燃料電池関連の研究において先端的な結果を出し、国際的に注目されている人がいます。しかし、ある地域に優秀な研究者がいても、その研究者が他の地域に移動すると、人とともに技術の未来も失う結果になりかねません。事実、アメリカではよくみられるシナリオです。逆に、その研究者のもとに、世界からさらに多くの優秀な研究者が集まってくるという可能性もあります。今後の広島市の経済的な基盤づくりという観点からだけ考えても、燃料電池の技術ならびにその先を行く技術において、広島地域の強みをさらに強くする政策が必要なことはいうまでもありません。広島市にぜひともエネルギー研究所を、という誘導策は、この考え方を発展する中で生まれたといってもよいと思います。

燃料電池の開発を行っている地元の企業、およびエネルギー一般について関心のある研究者からなる研究会を数回開く中で、いくつか明らかになった点があります。一つは、燃料電池の開発は自動車用だけでなく、家庭用、地域用としての価値が高いということ。さらにエネルギーという観点から考えると、単に燃料電池という技術のみに限って考えるのではなく、生産・送出・消費といったシステムとしてエネルギーを考えなくてはならないということ。また、当然のことながら、私たちは国家プロジェクトとして研究の支援を行うのではなく、一つの地域が手がけるのですから、たとえば広島地域における自給自足の実験を行うといった地域特性が生かせる研究方法に焦点を合わせるべきであること、などです。

この会議には私も参加させてもらいました。各企業の研究開発の現況報告や専門家による研究内容の説明など、大変勉強になりました。さて、その次が問題です。私はこの会議に出席していましたので、「未来エネルギー研究機関」の全体像がわかりました。また、わからない部分は自分で勉強して補うことで、私なりにその意味や姿を描くことができました。ところで、これを市民の皆さんにわかりやすく説明するにはどうすればよいのか——。その説明を市民の皆さん向けに書きたい気持ち、そして書かなくてはいけないという義務感だけはあるのですが、何せ時間がありません。そう考えていたまさにその時、『水素エコノミー』が出版されたのです。しかも、なぜ今、私たちが「未来エネルギー研究機関」を立地誘導しようとしているのか、原点からの詳しい説明になっているではありませんか。

だいぶ前置きが長くなりました。いよいよ内容に入りたいのですが、「エントロピー」などといった説明が必要な概念も出てきますので、これまた長くなりそうです。メルマガには、ハードコピーの出版物におけるページに相当する概念がないといえばないのですが、とはいえ、あまり長くはできません。ということで、ぜひ、次回をお楽しみに。もっとも、これだけ前口上を申し上げてしまったのですから、内容の要約を読む前に本屋さんに走ったほうが早いかもしれません。

水素エコノミー（その二）

2003.7.25.

前回のお約束通り、今回は『水素エコノミー』の内容を紹介したいと思います。

著者のジェレミー・リフキン氏は、私の好きなノンフィクション作家の一人で、評論家や研究者といった範疇に入り切らないユニークな活動を続けています。日本でも彼の著書、『エントロピーの法則』がかなり読まれたようですから、お馴染みの方も多いと思います。

『水素エコノミー』の通奏低音もエントロピーです。この概念を正確に定義するにはかなりの知識が必要です。思い切って単純化すると、すべての物は、外からの働きかけがなければ、秩序のある状態から混沌・混乱の状態に推移する、という考え方だといえると思います。この「物の状態」に付けられる数値がエントロピーと呼ばれ、エントロピーの大きくなることがすなわち、無秩序の状態だということなのです。

資本主義経済学は、初期のニュートン力学をもとに構築されており、エントロピーなどを扱う熱力学的な考え方はほとんど取り入れられていない、というのがリフキン氏の主張です。この本の前半は、エントロピーの考え方をもとに、人類史や現在のエネルギー状況を考えていくという展開になっています。

エントロピーの概念を経済学に取り込んで、ローマから現在までの歴史を見直すことで、今まで十分に理解されていなかった動きがハッキリわかるようになります。改めて科学の力を認識させられるとともに、いわば魔術をみるような思いがします。

しかし、それ以上に勉強になったのが、第二章、「ハバートのベルカーブを滑り落ちる」です。石油の埋蔵量は、地球全体で、だいたいこれから六〇年くらいはもつだろうというのが、長い間にわたって多くの人が言い続けてきた予測です。この埋蔵量を毎年の石油生産量のグラフにすると、ベルカーブ（釣鐘の形）になる。しかも、その天辺を過ぎた時点から石油の生産量は減少し、価格も高くなる、というのが、現在、世界的に「標準的」だと考えられている数値モデルだというのです。しかもそのピークには、早くて二〇一〇年頃、遅くても、それから二〇ないし三〇年後には達するだろうという予測が大勢を占めるというのですから驚きです。

これはいわば、恒久的な石油危機が近づいているという話です。天然ガスもあまり頼りにならないと付記されていると、絶望的なシナリオになりそうです。しかし、ここで登場するのが燃料電池であり、水素エネルギーなのです。簡単に説明しておくと、燃料電池とは、水の電気分解を正反対の方向に進めることで電気を作る仕組みです。中学校の理科を思い出していただきたいのですが、水の中にプラスとマイナスの電極を入れると、水は水素と酸素に分かれます。逆に、水素と酸素を一緒にしてやれば、電気が生じるという原理の応用なのです。その結果、「滓《かす》」として残るのは純粋の水ですから、この点からもクリーンなエネルギーだということがおわかりいただけるでしょう。

燃料電池の特色の一つは、小型の燃料電池でもその効率は大型のものと変わらないということです。それは、現在の研究開発の目的の一つが、家庭用の燃料電池を実用化することにあることからもわかります。たとえば原子力発電との違いは、こんなところにあるのです。しかも、モジュール化できるので、つまり、小さい物をいくつもまとめて大きな一つの電池にすることも可能なので、柔軟に使うことができます。地域ごとの小さな規模の燃料電池ステーションでその地域の電気を賄う、という将来図を描いていただければと思います。

後は、どのように水素を得るのかが問題ですが、リフキン氏は至って楽観的です。これも電気分解によって水から得ようというのです。その電気には再生可能なエネルギー、つまり太陽光や風力、地熱、バイオマス（生物体をエネルギー源または工業原料として利用すること）等々を考えています。

単純に考えると、そんなことをするくらいなら、直接、たとえば太陽光発電で得た電気を使えばよいようなものですが、問題は、それでは夜間、電気を使えないということです。どこかにこの電気を、効率よく貯蔵する装置が必要になります。それが燃料電池なのです。

リフキン氏は、この燃料電池を、ちょうど現在のインターネットのようにつなげて、世界的なエネルギー網をつくることを考えています。それによって、経済システムそのものを、今のものとはまったく違ったものにしたいというのです。それが夢のような話なのか、もっと現実性のある、人類にとって希望の源となる話なのか。ぜひ、『水素エコノミー』を読んだ上で判断してみてください。

皆さんの読後感をお寄せいただければ幸いです。

八月一六日の中国新聞から世界を考える

2003.8.25.

八月一六日の朝、中国新聞一面の大きな見出し——米北東部・カナダ大停電——を目にして、一瞬、平和宣言の一節、「『力の支配』は闇」が頭に浮かびました。おおげさにいえば「予言」が文字通りの形で実現したような気がしたからです。また、このメルマガで、七月に二回にわたって『水素エコノミー』を取り上げ、将来のエネルギー・システムとして燃料電池を使った分散型システムの開発や実験に、広島市も積極的に関わっているという報告をしました。この大停電は、なぜそのようなシステムが必要なのかを具体的に示してくれたという点で、他山の石として、注目しなくてはならない出来事です。

停電関連の記事を一通り読み終わって、他の記事にも目を通すと、この日の中国新聞が取り上げていた事柄は、偶然だとは思いますが、広島、日本、そして世界の長期的な方向性を考える上で、基本的な問題提起になっていました。一面の見出しだけを見ても、停電の記事の隣りは、「燃料電池車実用に近づく」ですし、その下は「世界平和へ積極貢献」、そして「新型（コンピュータ）ウイルス厳戒」でした。

「Think globally. Act locally.」という表現があります。直訳すると、「視野は世界的な広がりで、行動は地域から」という意味です。エネルギーや環境の問題、経済や人口、食料および農業、戦争と平和、あるいは科学技術と社会との関わりなどを考える上で、欠かすことのできない今日的な視点です。しかし、世界の状況を考えるためには、もう少し丁寧な説明が必要です。

まず第一に、「世界を考えろ」という言葉通り、現在、私たちを取り巻くほとんどの問題は世界的な広がりをもっています。次に、「グローバリズム」という表現で多くの識者が指摘しているような、行きすぎた世界化の傾向を変えるべきではないのか、という問題提起もあります。変えるべきだとした場合、このような状態を本当に変えられるのかどうか、さらにもう一歩進めて、変えることが難しくても、世界化と逆の方向、すなわち地域化、あるいは分散化のためのシステムを創造する努力が求められるのではないか、という問題提起につながります。

停電も含めてエネルギーの問題については、このコラムでも紹介した『水素エコノミー』をお読みいただくことにして、今回は割愛します。平和の問題については、八月六日を中心にすでに問題提起をしています。ということで、今回はコンピュータ・ウイルスについて考えてみます。

一つお断りをさせてください。以下の文章は、コンピュータについてあまり関心のない方にとっては、わかりづらいかもしれません。一つ一つの言葉について説明すればよいのですが、長くなりそうなので省略します。でも、全体の流れはご理解いただけると思いますし、その流れから私の言いたいこともおわかりいただけると思います。

実は、今回話題になったウイルス、「ブラスター」の流行も、グローバル化が大きな原因になっています。「ブラスター」は、マイクロソフト社の基本ソフトであるウインドウズの欠陥を突く形で攻撃をします。理由が何であれ、こうしたウイルス攻撃は許されるべきでないことはいうまでもありません。同時に、パソコンを使うためにはウインドウズを買うことが必要だと思われているほど——と書くと、マックやリナックスのファンからは抗議が寄せられるかもしれませんが——、ウインドウズが一般化し、独占的になってしまっているからこそ、ウイルスが大きな影響を与えることになります。このことが、ウイルスを作り、ばらまく犯罪者たちにとって、一つのインセンティブになっているように思います。それはともかく、ビジネスや個人の生活が大きく依存しているコンピュータの基本ソフトが、営利を目的とした一企業の判断だけで制作されていてよいのかという問題は残ります。

もう一つ、ソフト開発についての問題もあります。ウインドウズに欠陥があるからこそ、あえてウイルスを作ったのだ、という釈明を犯人たちはしているようです。欠陥があるにしても、マイクロソフト社が故意に欠陥のあるソフトを市場に出したのではなく、その欠陥に気づかないまま売り出してしまったのが真相でしょう。ソフトウエアの開発は、そのくらい複雑で難しく、ソフトの制作者が完璧にその内容を管理できているかどうか、常に問題にされなくてはならないのです。この辺の事情については、私の尊敬するコンピュータ科学者である、MIT名誉教授のジョセフ・ワイゼンバウム博士の『コンピュータ・パワー』（拙訳、サイマル出版刊）をお読みいただければと思います。

こうした問題に対する対策としては、リナックスのように、制作過程を公開し、誰もが参加できるような形で基本ソフトを「育てる」やり方が、効果的かつ現実的であることが立証されています。こうした方向を世界的に広げるための努力が必要だと思います。ＷＴＯという、自由貿易を金科玉条とする世界的な制度があるくらいですから、世界的な情報システムについても、将来的な視点からのルールづくりと、そのルール遵守のための制度の構築も必要な時代になってきているのではないでしょうか。

世界化と分散化を考える上では、食料と農業の問題や、マスコミやテレビに代表される情報提供システムのあり方も重要です。機会をみて、このような問題についても、皆さんと一緒に考えてみたいと思います。

＊コンピュータ・ウイルス：他のプログラムやファイルに感染して、コンピュータ上のデータを破壊したり、意図しないメールをばらまいたりするよう作られたプログラムのこと。インターネットやフロッピーディスクなどを通じて、伝染病のように広まることから「ウイルス」と呼ぶ。

＊基本ソフト：ＯＳ（オペレーティング・システム）ともいう。キーボードから入力された文字を画面に表示したり、データをフロッピーディスクに記録したりするなど、コンピュータの基本的な働きを管理するソフトウエアのこと。基本ソフトには、ウインドウズ、マックＯＳ（アップル社）、リナックス（ボランティアにより開発され、無償で公開されている）などがある。

＊インセンティブ：誘因、動機。

＊ＷＴＯ：世界貿易機関（World Trade Organization）。自由な世界貿易の拡大を実現するために、一九九五年に発足した国際機関。

マツダの宇品第二工場再開

2004.7.25.

マツダの存在が広島にとって重要であることは、言を俟《ま》ちません。経済だけに限っても、広島市工業の約五〇パーセントがマツダに依存、あるいは関連しているほどだからです。マツダ抜きに広島を語ることはできないのです。

ですから、最近のマツダの上昇機運は大歓迎です。なかでも、二〇〇一年九月から閉鎖していた宇品第二工場が、五月二六日に操業を再開したニュースは、多くの市民の皆さんとともに大変嬉しく受け止めました。そんな中、七月二一日に、マツダのトップの皆さんと広島市の幹部職員との情報交換会の一環として、新車ベリーサの試乗と工場内の見学をすることができました。

タクシーを除くと、最近はマツダ車以外の車に乗るチャンスがほとんどないので、偏った感想かもしれませんが、ベリーサは、デミオ、アテンザ、アクセラ、RX‐8など、一連のマツダ車がめざしている、技術と人間性の調和のよくとれた車です。一、五〇〇ccでも十分にスピードは出ますし、助手席のグローブ・コンパートメントを開くと中に鏡があるといった工夫や、カード式のキーなどがさらに魅力を高めています。

かつてのウォークマンに代わって、今人気のある携帯用音楽再生装置は、アップル社のｉＰｏｄ（「アイポッド」と読みます）です。これは、カセットあるいはＣＤの代わりに、ハードディスクに音楽を「録音」しておいて、それを再生する装置です。ベリーサは、オプションとして、ｉＰｏｄと同じ形式、つまりハードディスクを使って音楽を再生する装置を搭載しています。この点も含めて、これからの中高年齢層には、このクラスの車で十分なのではないかと思いました。

しかしベリーサの試乗は、宇品第二工場の見学に比べると、ほんの入口でした。一時間ほどの短い時間でしたが、「プロジェクトＸ」をテレビではなく、現場で見せてもらったような気になり、大感激したからです。見せてもらったのは、塗装工場と組立工場です。「環境に配慮しながらより高い生産品質を実現する、世界でトップクラスのフレキシブルな生産ライン」という謳い文句の通り、世界標準を引っ張るレベルの工場であることを、文字通り体感するひとときになりました。

最初の説明では、工場には三つの特徴があるとのことでした。一つ目は、「地球環境と働く人にやさしい生産ライン――抜本的な環境負荷物質の削減と快適な作業環境に配慮した生産ラインの実現」です。二つ目が、「高品質・同期生産ライン――お客さまに安心していただける品質の製品をオーダーに即応して提供できる高品質、同期生産ラインを実現」、そして三つ目が、「フレキシブル生産ライン――『デミオ』クラスから『ＭＰＶ』クラスまでの多種混流生産に対応し、生産車種や生産量の変動に強い生産体制を実現し、かつ将来のモデルチェンジに即応できる生産ラインを実現」です。電着塗装工程とか、スリー・ウエットオン塗装方式など、技術的な面でも優れた新方式を開発することで、能率の向上、環境の改善などの効果が上がっている点も見事でした。

それはそれで大切なことですし、高品質の車を造るという視点からは、当然、このような整理の仕方になるのだと思います。しかし、私が感激したのは、工場の至る所で人間的なドラマを見ることができた点なのです。二、三、具体的な例で説明したいと思います。

最初に気づいたのは、ゆったりとしたスペースです。「ここには昔、もう一つラインがありました」、「ここにもラインがあったのです」という説明が続くほど、すっきりとまとめられ、空きスペースが目立つ工場になっていました。井巻社長の哲学の現れだそうです。モジュール化された自動車の構造がそのまま組み立ての現場に反映され、レゴを玩具にして育ってきた世代には感覚的にわかりやすいラインになっています。多くの見学者が連日工場を訪れれば、当然、仕事に差し支えが出てくることはわかっています。それでも、多くの修学旅行生が、喜々としてこのラインを見学している姿が頭に浮かんできました。

これだけスペースを減らした上で、工場全体としての容量は昔より増えているという点も驚異です。快適な職場環境を創ったという点で、まさに「働く人にやさしい生産ライン」が実現されています。

こうしたストリームライン化が進んだ理由の一つは、たとえば組立工場に伝統としてあった、ラインの横の部品の棚を取り去ってしまったからなのです。そのために、建築現場で使われている、瓦を屋根まで持ち上げるリフトをそのまま活用するといった、「コロンブスの卵」的な発想が随所に活かされています。

空いたスペースの床には、明るい色のペンキが塗られていました。「昔の床板を畳と同じように、裏返して使っています」とのこと。「業者任せにしていたら、すべて新しい鉄板でということになっていたと思います。その他にも、昔の工場で活かされていた知恵を感謝の気持ちとともに活用しています」という言葉の裏には、マツダの伝統的な技術についての限りない誇りと、工場に満ち満ちている人間臭さを強烈に感じました。

次に感動したのは、「自主保全活動」、昔風に表現するとＴＱＣ、つまり現場のアイデアで作業工程を改善するシステムとその成果です。具体例として私たちが見たのは、「忠犬ポチ」と呼ばれる動く「道具箱」です。これまで工具を置く棚は、ベルトコンベヤーに乗って流れる車と同じ速度で動いていたのですが、これを作業する人間の動きに合わせて前に行ったり後ろに行ったり移動するように改良したものです。その結果、作業する人の動きから無駄がなくなり、より能率的、かつ疲れずに同じ作業ができるようになったとのことでした。

これは、流れ作業の考え方を、働く人を中心に据える形に転換することで、効率改善を果たした素晴らしいシステムです。いわば、天動説から地動説への転換といってもいいほどです。説明をしてくれたチーム・リーダーの誇りに満ちた笑顔と、一言一言に込められた熱意が印象に残っています。

同じような改善・改良の取り組みは、「からくり道場」と名づけられた一連の工夫としても開花していました。たとえば、作業員がパッキンを常に二枚、確実かつ迅速に取れるような装置を、三〇〇円ちょっぴりで作ってしまっている知恵には驚きました。

工場全体の特徴を一言でまとめると、最新式のロボットやオートメ、ＩＴなどを駆使し、技術レベルでも最先端を行く工場でありながら、その設計から細部への気配りまで、徹底的に「手作り」の工場であるという点です。それを支えているのは、こうした工場や装置を、自分たちの手で創った現場の社員の熱意と能力、そして誇りです。ものづくりの原点ここにあり、という気概が伝わってきました。

そのすべてを総括する言葉を、最後に井巻社長から聞くことができました。「工場を閉鎖せざるをえなかったとき、私たち関係者は男泣きに泣いた。そして、一日も早く再開することを誓った。その努力の結果、思っていたより早く再開することができた。こんなに嬉しいことはなかった。」

その言葉に応えて、私たち広島市民は、広島を訪れる人たちが広島駅に降り立ったとき、「広島ってやはり、マツダの街なんだね。走っている車はみなマツダ車じゃない」と驚くくらい、市内でのマツダのシェアを上げる努力をしなくてはならないのではないでしょうか。

環境と地球の未来を考える

2004.10.25.

今年は例年になく台風の多い年でした。何度も被害に遭われた方も多いと思います。風と雨の挟み撃ちによって、漁業・農業面での被害も過去最悪レベルの規模になりました。心からお見舞いを申し上げますとともに、復旧のために広島市としてもできるだけの努力を続けておりますので、何なりとご相談ください。

なかでも、今回取り上げたいのは、特に台風一八号の被害の中で目立った「高潮」や「高波」による被害です。護岸や堤防が崩れ、あるいは堤防を越えて、海水が市街地に流れ込んだのです。その結果、家屋の床下や床上が浸水し、道路や公共施設も冠水し使用不能になるなど、大きな被害を蒙りました。

ここでは「高潮」対策という表現でまとめますが、この対策に今まで以上に力を入れたいというのが市の方針であり、国土交通省の考え方でもあります。一〇月末に東京で開かれる港湾整備振興全国大会、ならびに港湾海岸防災協議会総会に私も出席し、港湾整備促進について要望活動を行います。

国の直轄《ちょっかつ》事業として高潮対策に力を入れてほしいという要望を行うとともに、深刻な事実について、国をはじめ関係者に認識を新たにしてもらうためでもあります。

たとえば、広島湾の平均水面高、つまり海面の高さが、この四〇年間で約二〇センチも上がっているという事実です。具体的に目に見える現象を挙げれば、厳島神社の回廊が冠水する回数が、これまでは多くても一年に数回、ゼロの年もあったのが、二〇〇一年からは三年連続で二桁を超えているのです。

「これも温暖化の結果だ」と解釈できるかどうか、検討の対象にすべき点ではあります。しかし、温暖化だけでは、これほどの速さで海面が上昇する理由にはならないようです。また、全国的に同じレベルで海面が高くなっているわけでもないようなので、別の解釈が必要です。現在の時点では、何らかの理由で陸が沈下している、同時に海面も上昇しているということらしいのですが、その原因やメカニズムは明確にはわかっていない状態です。

台風18号による被害

高潮対策という点から考えると、これまでも県の事業として護岸や堤防などの整備を進めてきていますが、せっかく整備した堤防が二〇センチも削り取られてしまうのと同じ結果になっているのです。台風や地震の際に、この二〇センチの差が災害と安全を分かつ可能性もあるので、早急に国の直轄事業として、高潮対策を集中的かつ強力に推進してほしいと考えます。広島市も、国や県と一体になって対策を進めていきます。

台風、高潮が頭にあったため、環境関連のイベントに目が向いただけなのかもしれませんが、一一月には、広島市と環境を結ぶ大きなイベントが目白押しです。

まず一一月一日から、「ひろしま・夢・エネルギー大賞」の募集を始めます。子ども部門と一般部門の二つに分けて別々に審査をする予定です。夢があり、かつ現実的なアイデアを待っています。このコンテストは、広島市の未来エネルギー研究機関の誘致活動と並行して行います。その背後には、市民だけでなく多くの皆さんにエネルギーの問題を考えてほしいという思いがあります。地球の温暖化や、このところ顕著になってきた石油価格の高騰、また、それに続いて訪れるかもしれない石油危機などについての対策も、ともに考えてほしいと思います。

私個人としては、アイデアの中でも、特に省エネのアイデアに力を入れていただきたいと考えています。無理をしないでも省エネができるようなアイデアを、いくつか市民の間で採用するだけでも、かなりの効果が期待できるように思います。詳細については担当課に問い合わせるか、あるいはホームページをご覧ください。

もう一つ、一一月の一七日から一九日まで、第一回の日米都市サミットが開かれます。四年前まで約半世紀にわたり、日米市長・商工会議所会頭会議という形で続いていたのですが、北九州市やホノルル市、広島市などが中心になって、費用の面ではあくまで簡素な、しかし内容面では実のある会議として再出発する提案をしました。その結果、賛同してくれる都市の協力で、第一回の会議が開かれることになったのです。会議全体のテーマは、「日米都市連携による都市の持続可能な発展」です。また、ホノルル市のジェラミー・ハリス市長による基調講演は、「グローバル化する世界における持続可能な都市の役割」です。

サミット全体の記念講演は、大前研一氏による「国境を越えた都市の連携——ボーダレス時代の都市戦略」です。同時開催されるビジネス・フォーラムでは、ボーイングジャパン社長のロバート・オァー氏が、「日米関係の将来」と題する基調講演を行います。その他、広島の企業も多く参加する日米企業による商談会、企業プレゼンテーション、およびシンポジウムが開かれ、ビジネスの面でも内容のあるイベントになりそうです。

また、最終日の一九日には、ハナミズキの植樹式を執り行います。ミレニアム事業として、アメリカ市民から贈られたハナミズキの種を植えた結果、二メートルほどの若木に育ちました。その若木を植樹して、日米友好のシンボルとなる並木道を京橋川河畔につくるためです。その他、NPOによるプレゼンテーションや、広島市の平和への取り組みについてのプレゼンテーションなど、盛りだくさんのプログラムを準備しています。

国際的なイベントとしては、一一月四日に、ケニヤ共和国のキバキ大統領、そしてパリ市のデラノエ市長が広島を訪れます。パリ市とはこれまでもいろいろな関係があり、来年の国連における核不拡散条約再検討会議における協力要請などもしたいと考えています。ケニヤ共和国大統領の広島訪問は、キバキ大統領が日程を延長してまで実現したいと強く希望されたそうです。ケニヤと聞いてすぐ頭に浮かぶのは、今年のノーベル平和賞を受賞したワンガリ・マータイさんです。「環境」への取り組みが、今年から初めて平和賞の対象になったのです。そのケニヤと、また新たな関わりができそうです。

このように、広島市として取り組んでいる大切な仕事の中に、温暖化も含めた自然や地球環境に関するテーマが重なって見えてきたことに気づいて、今回はその報告になりました。高潮対策についての国への陳情、エネルギーや温暖化を焦点にした市の主催するコンテスト、持続可能性をテーマにする国際会議、そして環境と平和がキーワードになる外国元首の広島訪問……。環境や地球の未来に関連のある出来事が、広島市では続きます。多くの皆さんの知恵を結集して、広島にとって、また地球にとって素晴らしい成果の上がる機会にしたいと考えています。

「描かれたＨＩＲＯＳＨＩＭＡ展」――歴史のロマンと公文書館の役割

2005.6.10.

もう二〇年近く前になりますが、広島市の戦前の写真を熱心に調べたことがあります。たまたま知り合いになったアメリカ人から、「自分は原爆投下前の広島の記憶がある」と聞いたからです。環境や人権の問題に取り組んでいる真面目な人でしたが、同時に、超能力を信じ込んでいるような人でした。聞き流したつもりだったのですが、彼が居たという場所の説明が、あまりにも具体的だったので、本当にそんな場所があったのだろうか、何かの写真集に出ている当時の広島市の街並みを自分の記憶のように思い込んでしまったのではなかろうか、と思って調べてみたのです。何枚もの写真から、昔の広島の賑わい、街づくりにかける当時の人々の思い、懐かしいデザイン等々に触れることができ、とても勉強になりました。

その時に公文書館の存在を知っていれば、もっと奥深い知識を得ることができたのではないかと思います。今回、「描かれた広島」展として開催される公文書館の展示会によって、中断した勉強を続けることができそうです。

展示そのものは、六月六日（月）に始まり、九月三〇日（金）に終わります。前半の七月三一日

（日）までは、被爆前の広島を中心にした展示です。後半は被爆後が中心になります。後半の展示もぜひ見ていただきたいのですが、まずは前半を見ていただければと思います。

前半の目玉の一つは、「大正の広重」と称された吉田初三郎の手になる、広島の鳥瞰図などの一連の作品です。特に、昭和三年（一九二八年）に出された「宮島広島名所交通図絵」がお勧めです。現在の広島電鉄の前身である広島瓦斯電軌株式会社が発行したものですので、当然、広島と宮島を結ぶ電車の路線が鮮明に描かれています。同時に、その当時の人々の考え方を知る上でも、貴重な絵になっています。

たとえば、この図の目的は、正確な地図を提供することにはありません。ですから、地図的な縮尺はところどころで微妙に違っています。だからこそ、当時の人々のもっていた心理的な距離がとてもよくわかるのです。東の方には富士山や東京が見え、西には釜山まで入っている壮大な図の中で、強調されているのは宮島です。こうした尺度で、今の宮島や広島を見直すことも、これからの街づくりに役立つに違いありません。市内を流れていた七本の川（現在は六本であることは、市民の皆さんはよくご存じのはずです。その他の読者のために書き添えます）、そして瀬戸内海も含めて、水と街との関係をみると、広島市の中心部が水に浮かぶ島のような感覚で捉えられていることに気づきます。水辺の利用についての観察も、今とは違った趣があることがわかります。

画家でもう一人紹介されているのが、戦後に活躍した福井芳郎です。彼の描いた戦前の広島が、いかに楽しげで、活気に満ちていることか。庶民の姿や気持ちが素直に捉えられていることに、心を打たれます。これからの広島をPRする際にも、このような伝統を踏まえることができたら素晴らしいと思います。

現在の原爆ドームが、大正四年（一九一五年）、ヤン・レツルの設計で建てられたことは知っていました。しかし、もともとの名前は、産業奨励館だと思っていました。今回の展示の説明で知ったのは、最初の名前が、広島県物産陳列館で、次には広島県立商品陳列所に変わり、そして広島県産業奨励館になり、今は原爆ドームと、合わせて四つの名前をもっていたという事実です。

歴史をたどる楽しさの一つは、こうした新発見に出会うことであり、その発見から自然に浮かんでくる疑問を追うことです。なぜ名前が変わったのか、その背後にはどんな人間的なドラマがあったのか。そのような問いへの答えを探すことで、歴史のロマンを感じることができるでしょう。また、未来を別の視点から考える機会にもつながるはずです。

展示会場にいたのは短時間でしたが、まだまだ多くの発見がありました。そのすべてを紹介するだけのスペースはありません。ぜひ、ご自分の目で新たな発見をしていただければと思います。最後に、もう一つだけ紹介しておきます。

原爆投下の目標となったのは、ご存じ、丁字型の相生橋です。その相生橋に、昭和九年（一九三四年）から昭和一四年（一九三九年）頃までは、もう二本、橋が架かっていて、実はH型の橋だったのです。もともと丁字型だったものが、一時的にH型になったのか、それとも徐々に進化している中でH型になり、その後、何かの事情があって丁字型に変更されたのか、または他の理由があるのか。それこそ大きなドラマを期待してもよさそうだと感じました。これも課題の一つとして、いつか調べたいと思っています。

私の「愛読書」の一つでもある、荒川五郎著『大廣嶋之創造』の実物も展示されていました。手に取ることはできませんでしたが、本物を見るだけでも十分に感激しました。この『大廣嶋之創造』が出版されたのは、昭和五年（一九三〇年）です。「宮島広島名所図絵」の発行や、相生橋がH型になったことなど、偶然かもしれませんが、この時期からの資料が目立ちました。世界的には大恐慌が起こり、ナチスが台頭した時期でもあります。広島においても、この時期が歴史の一つの節目になっていることを感じました。

このように、歴史を理解し未来を考える上で、市民にとって貴重な資料や大切な公文書などを保管する施設が、広島市公文書館です。ただ保管するだけではなく、整理したり分類したりする仕事も行います。それとともに、市民が広島の未来を考え、街づくりを行う上で参考になる物を展示し、教育的な役割を果たしていくことの重要性も、今回、改めて確認できました。

九月三〇日までに、できれば前半と後半の二回、この展示を見ていただき、感想などをお寄せいただければ幸いです。

地産地消——広島広域都市圏形成懇談会職員共同交流研修の成果

2005.7.25.

行政機関の付ける名称が長いだけでなく、なぜこんなにわかりづらく無味乾燥なものばかりなのか、未だに不思議に思います。平和公園——正しくは平和記念公園といわなくてはならないのですが——の中にできた国の施設がその典型です。正式名称は、国立広島原爆死没者追悼平和祈念館です。老化現象のせいもあって、開館後二年経った今でも、私はこの名称を空で言えません。

「広島広域都市圏形成懇談会」も似たような名前の一つです。これに「職員共同交流研修」まで付くと、拒否反応を示す人が出てきてもおかしくはありません。しかし、確かに名前では損をしてはいるものの、その活動、特に職員が共同して行う研修には熱がこもっています。それだけでなく、最終報告の内容も立派ですので、名前での損はだいぶ救われています。今回は、その報告書を要約しながら、広島広域圏における都市と農林水産業について考えてみたいと思います。

広島広域都市圏とは、広島県と山口県にまたがる三二市町村を網羅している地域を指します。東は三原市や竹原市、西は山口県の岩国市地域から南西に広がって、柳井市や上関までがこの圏域内に入っています。年に二度、正式の会合を開いています。しかし、この会の方向づけをしているのは、一年近くかけて職員が積極的に行う共同研修です。

その成果の一つに、「りーぶら」があります。この広域圏のホームページですが、なかなか魅力的に出来上がっています。初めて夏休みを迎える子どもたちのための活動マップも、今の時期にはとても役立つサービスです。

さて、七月一二日に開かれた今年度第一回の懇談会で報告されたテーマは、「都市と農山漁村の交流・連携——広島広域都市圏内での地産地消の促進」です。地産地消とは、ある地域内での食料生産を盛んにし、その地域内で消費しようという目標を謳っている活動です。食料の自給率を高める試みと言い換えることも可能です。

報告書はまずデータとアンケートから始まっています。その一つである食料の自給率を見て、改めて問題の深刻さを痛感しました。カロリーベースでは、日本全体で四〇パーセントであるということはよく知られています。報告書によれば、広島県では二五パーセント、山口県では三四パーセント、そして広島広域都市圏では一六パーセントという数字になっています。私の素朴な期待では、広島県にもっと頑張ってもらいたいところです。それが広島市の自給率を上げることと関わってくるからです。その広島市の自給率は、三パーセントです。

もう一つびっくりしたのは、「地産地消」という言葉を知らない人、言葉は知っていても意味を知らない人が七五パーセントにも上ったということです。この文を書きながら、ワープロソフトの「かな漢字変換辞書」の中に「地消」という表現がないことに、これが現実なのかと納得が行くような気がしました。

しかし、この地域の将来だけでなく、日本や世界の問題を長期的に考えるとき、食料の自給率について抜本的な対策が必要になります。その対策を立てることは、そのまま私たちの生命の素を考えることになるわけです。その意味では、言葉は知らなくても「地産地消」に込められている考え方には賛成する人が大多数である、というアンケート結果に一安心しました。

この報告書をまとめた職員諸氏・諸嬢の思いもその辺りにあったように受け取りました。その証として、地産地消振興のために、「産地・産品交流」、「食農教育」、「地産地消意識の一体化」という三つの柱を立てて、具体的な提案をしてくれています。

まず、「産地・産品交流」のためには、「旬の農林水産物マップ」を作って、「りーぶら」上に掲載することを提案しています。さらに、各市町にある産直市の中から基点となる市を選び、広域圏内での結節点としての役割を果たしてもらうことで、産直市のネットワーク化を図ることを提言しています。「はじめてのなつやすみマップ」の経験を生かして具体的な情報を提供することで、機運は盛り上がりそうです。また、平和大通りでの日曜朝市が好評であることにみられるように、産直市はほとんどこでも人気があります。この魅力を生かすことが自給率の向上につながれば、本当に素晴らしいことだと思います。

「食農教育」では、圏域内で生産された食材を使って料理教室を開催し、その実績をレシピ集として作成する提案がありました。また、都市に住む人たちに農林水産業体験をしてもらうための「学校」をつくる案も提示されました。料理のレシピとは着眼点が良く、「旬の農林水産物マップ」との連携で効果が倍増しそうです。また、「お好み焼き」も一つのレシピであることを考えると、広島らしい豊かな彩りを添えたレシピ集が出来上がるはずです。

また、「体験学習」を取り上げた点も高く評価できます。「体験学習」こそ、これからの教育の中心になる考え方だからです。このことを理解するために、数十年前の修学旅行を考えてみてください。その当時は、たとえば日光に行って東照宮を見ること自体が大きな目的でした。写真で見ることはできても、まだカラー写真があまり普及していない時期でした。総天然色の東照宮は、誰の目にも鮮やかに映ったのです。しかし今は、ハイビジョンもあり、高画質の写真やビデオ、ＤＶＤもあり、本物以上に美しい東照宮の映像を、子どもたちはいつでも見ることができます。その子どもたちが感激するのは、映像では経験することのできない「実地体験」です。社会全体が「実地体験」を重視する方向に動いていているのはいうまでもありません。

「地産地消意識の一体化」では、この地域で生産された食材を使っている店を認定する「地産地消店」認定事業が提案されています。また、「地産地消ツアー」を実施することで、この圏域の農林水産業に対する理解を深めてもらう事業も提言されています。来たるべき「自給自足」の時代を先取りし、早くから「地産地消」を推進する店が、一〇年後の勝ち組になることは目に見えています。その先取りの意味をどう伝えるのか、今後の広域都市圏形成懇談会の姿勢も問われてきそうです。

次のステップは、提案されたアイデアを実行に移すことです。その過程で、さらに新たなアイデアが出てくることを期待しています。そうなれば、その先の道筋も自然に開けてくるはずです。より大きな視点から捉えると、広島市の「ビジター倍増計画」を、より広くこの地域へのビジターを倍増させる計画に広げて考えることができます。そのためには、さまざまな試みを果敢に実行に移していくことが大切です。しかしいちばん大切なのは、まずこの地域に住む私たち自身の生活を豊かにするところから、ビジター倍増は始まるということです。その原点を確認し、今回の提案が成功することを祈りつつ、コンピュータのスイッチを切ることにしたいと思います。

6 市民の行政を創造する

――議会と行政

知らない間に「既婚者」になっていたら？

2003.4.25.

仮に、あなたがまだ結婚していないとします。ある日、自分の戸籍謄本を見たら、知らない人と結婚していることになっていたら——。「そんな、馬鹿な?!」というのが一般的な反応だと思います。しかし、こんなことが実際に起きているのです。広島市内にもこのような事件の被害者になった人がいます。市議会でも問題提起が行われました。

自分がまったく関与せずに、知らないうちに結婚したことにされたわけですから、被害者には何の落ち度もありません。ごく簡単な手続きで戸籍は元に戻り、本人が未婚であることを天下に証明できて当然だ——。そう考える人が圧倒的に多いはずですし、私もそう思います。しかし、長い伝統のある日本の戸籍制度では、事はそう簡単にはいかなかったのです。

現在の制度では、婚姻届は、形式が整っていれば自動的に受け付けられる仕組みになっています。つまり、添付する書類が揃っており、ハンコがきちんと押してあれば、受け付けてもらえるのです。いや、それでは十分に現在の制度を説明したことになりません。形が整っている場合、担当者は受け付けなくてはならない、という強い枠組みがあるのです。

では、仮にあなたが被害者になった場合、どうすればよいのでしょうか。簡単にいってしまえば、元の状態に戻すためには裁判という手続きが必要です。それだけでも大変です。しかも、裁判の結果、あなたの言い分が認められた、つまり婚姻届が捏造《ねつぞう》されたものだということが事実だと認められたとしても、少し前までは、戸籍さえ元に戻らなかったのです。

より正確にいうと、「婚姻届が出され」という部分に線を引いた上で、その婚姻が無効であったという書き込みが行われることになっていました。つまり、「見え消し」を行い、その理由が簡単に付け加えられるという仕組みだったのです。

戸籍の重みも時代とともに変わってきていますし、戸籍制度が時代に合わないという声も聞こえ始めています。それでも、結婚していないのに、あたかも結婚したかのような誤解を受けやすい書き込みが戸籍にあったとしたら、やはり気になるのが人情というものです。裁判で決着をつけなくてはならないにしろ、せめてその結果だけは、真っ白な戸籍という形で天下に示してもらいたいと考える人がいても不思議ではありません。いや、そう考える人のほうが多いのではないでしょうか。

そんな問題提起を受けて、昨二〇〇二年一二月一八日に、戸籍法の一部を改正する法律が制定され、同時に、戸籍法施行規則の一部を改正する省令が交付・施行されました。その結果、判決を得た後に、戸籍を作り直す（これを再製すると表現するようです）という手続きを経て、見え消しではない「新しい」戸籍をもらえるようになったのです。

法律改正に至る過程で、広島市もチョッピリ貢献をしています。もう一昨年になりますが、市議会での問題提起を受けて、議会の提案をどう実現するかを協議する目的で開いている、市長・助役・収入役の三役の勉強会でも、この件を相談しました。（ちなみに、これほど議会での議員発言を重視している自治体は、寡聞《かぶん》にしてほとんど知りません。）その結果、私が森山法務大臣に、この件に関してお願いに行くことになりました。「取り付く島もない」という表現がぴったりの対応でしたが、それでも担当者には伝えましょうという答えをもらって帰ってきました。

それからが本当の勝負でした。広島県戸籍事務協議会の会長である広島市の中区長が、「全国連合戸籍事務協議会（全連）」で重ねて問題提起をし、また、この間、中区ほか各区の戸籍事務担当職員も各方面に働きかけるなど、積極的に取り組みました。その結果、各都市の賛同を得て、全連会長が法務省へ要望してくれたのです。戸籍の実務を担当している人たちの会ですので、法務省の理解も早く、結果として、異例ともいえる短期間での法律改正につながったのです。

広島市が誇る市政記者クラブ

広島市のホームページで、最近、「楽しい」という評価をいただいているものに、「ひろしま応援メッセージ」と「広島市ランキング・日本一（世界一）」の二つがあります。これらは、広島の素晴らしさをもっと多くの皆さんに知っていただくことを目的にしています。郷土の大先輩である荒川五郎氏が、一九三〇年（昭和五年）に、著書『大廣島乃創造』の中で行った提言に応えた試みだといってもよいように思います。

その提言を現代風に訳してみると、次のような内容になります。「世の中には自分のことや自らの住む地域について、ここが良くない、あそこが悪いと言うことに生き甲斐を見出す人も多い。わざわざ自分の短所を隠さなくてもよいけれど、故郷広島については、良い点やその特長をまず十分に理解し、これを広島の外の人たちにしっかりと伝え、その結果、彼ら彼女らが広島って良い所なんだと感じて広島を敬慕したり尊重したりするようになるため努力することは、いやしくも広島を愛する人間であれば決して忘れてはならない。」

この考え方に沿って、今回は広島市政記者クラブを取り上げたいと思います。

2003.6.25.

「記者クラブ」といえば、田中・長野県知事の「脱・記者クラブ宣言」を思い出します。その中で田中知事が力を入れて問題提起した点は、三つあります。一つは、記者クラブの閉鎖性です。記者クラブが既得権を守る集団と化してはいないか、誰もが参加できるクラブにすべきではないかという問題提起です。二つ目は、知事の記者会見が記者クラブ主催であるという点です。その結果、記者会見に加盟社以外の「表現者」が参加するのは難しい、それでよいのか、というものです。三つ目は、記者クラブへの「便宜供与」です。つまり、無料でのサービスなどの提供を今まで通り行っていてよいのかという点です。部屋や駐車場の費用、それらの管理経費、職員の給与など、マスコミの側で払うべきではないのか、という問題提起です。

世間一般のもっていた、そして今でももっている記者クラブ像は、そんなところなのかもしれません。しかし、私の知る限り、広島市の市政記者クラブは、はるかに先を歩いています。

そもそも私が市政記者クラブと関わりをもったのは、今から二〇年以上前です。当時、世界からローカル・ジャーナリストを広島・長崎に招いて、被爆の実相を理解してもらい、その成果を自らの属するメディアを通して広く伝えてもらおう、というプロジェクトのお手伝いをしていたからです。

まず感激したのは、市政記者クラブが大変開かれた組織だったという点です。それは、外国から訪問した記者を、クラブ所属の記者と同じか、それ以上に遇してくれた事実に現れています。他社主催のイベントや事業についての報道や協力は、ほとんどしないのが日本のマスコミの姿勢です。しかし、各社とも外国からの記者たちの取材に協力してくれただけでなく、広く報道してくれたので、どこに行っても、多くの市民の皆さんが記者たちを温かく迎え、取材に協力してくれたのです。

このプロジェクトの主催団体だった広島国際文化財団は、中国新聞と中国放送が出資して作られた組織です。中心的な役割を果たした当時の事務局長、現在の中国放送社長の金井宏一郎氏をはじめ、多くの関係者が努力してくれました。しかし、私には、市政記者クラブが開かれた組織であることが、プロジェクトがうまくいった一番大きな理由であるように見えました。

そのことと表裏一体だと思いますが、この市政記者クラブを母体にして、多くの優れた「原爆記者」が生まれました。市政記者クラブは、ただ単に、田中知事が指摘するような既得権を囲い込むだけの集団ではなく、お互いに切磋琢磨《せっさたくま》し、こと原爆関連の事柄については誰にも負けないという共通の使命感をもって、勉強会や情報交換などを盛んに行いました。そうやって、広島のジャーナリストが自律的に成長できる環境を創ったからこそ、世界に誇れる原爆報道という実がなったのだと思います。

市政記者クラブが、開かれた記者クラブとして果たしている、もう一つの大切な機能は、記者クラブが責任をもって記者会見を開いていることです。市長の記者会見は、市政記者クラブと市の広報課との共催のような形になっています。ここで大切なのは、市民団体や個人による記者会見の場を提供していることです。たとえば、広島市政に批判的な活動をしている団体の記者会見を広島市の主催で開くことには、いくつか問題点があります。しかし、伝統的に広島市では、市政記者クラブという場を記者クラブの責任で提供することによって、多くの市民が自発的に発信することを可能にしているのです。そして、この場において、関心のある「表現者」や市民の同席が拒否されたということは、寡聞にして聞いたことがありません。

最後に便宜供与については、長い慣行があり、行政の側にも反省すべき点があったと思います。しかし、ここで紹介したような市民に開かれた形での記者クラブであれば、他の公共目的をもつ組織に対する市からの補助と同じ次元で考えてもよいのではないかと判断しています。しかし、この点についても広島市と市政記者クラブとの間で見直しの協議を行い、実費は記者クラブ側が負担することで合意ができました。他都市に比較して、私が密かに誇りに思っている点でもあります。

もちろん、市政記者クラブについての注文がまったくないわけではありません。たとえば、そこまでオープンにする必要があるのかな、と感じたこともあります。そうした点については、引き続き、私なりの問題提起を記者会見などで行っていくつもりです。こうした点も含めて、いつかどこかで、広島市の市政記者クラブを、記者クラブのあり方についての一つの模範例として、世界に紹介できたらと考えています。

広島をより美しい街にするために

2003.9.25.

イタリア、そしてドイツの出張が考えていたより「過密」なスケジュールだったため、このメルマガのエッセイは、一回お休みさせていただきました。以前にも書いたように、外国を訪れるたびに新しい発見があり、それが未来へのヒントになっているので、書きたいことは山のようにあります。今回は、美しい都市、広島をさらに美しくするための具体策について、基本的な考え方を説明したいと思います。

ヨーロッパの街並みが美しいのは、長い歴史の中で、美しさに重きを置いた、いわゆる「都市計画」を実行してきたからにほかなりません。たとえば、広島市の姉妹都市であるハノーバー市では、古い建物を大切にし、新しい建物についても高さや様式、道路からの距離等々、美しさを実現するためのさまざまなルールがあります。建物の外に突き出している袖看板類、また大きな広告看板類も一切ありません。その中で新しい銀行の建物だけがガラス張りの近代的姿で、賛否の議論の的になっていました。

しかし、ベルリンではもっと目立ったのですが、繁華街でのポイ捨てや建物の壁面の落書きは、広島以上にひどい状態でした。落書きについては、これも芸術であると認めて、奨励はしないまでも放置した歴史があるそうです。その結果、今、規制しようとしてもなかなかうまくいかないということだそうです。

さて、広島市では一〇月一日から、「広島市ぽい捨て等の防止に関する条例」が施行され、同時に、市民ボランティアによる路上違反広告物の除却活動が始まります。「広島市ぽい捨て等の防止に関する条例」は、空き缶などのポイ捨て、飼い犬の糞の放置、落書きなどを禁止し、決められた場所以外での喫煙を禁止する条例です。詳細については、広島市のホームページに説明がありますので、そちらをご覧ください。

ぽい捨て防止条例の啓発活動

路上違反広告物の除却は、ホームページ内で探すのに時間がかかりますので、簡単に説明しておきます。路上に置かれている違反広告物が歩行者、特に障害者の邪魔になったり、街の美しさを損ねたりしている現状を改善するために、こうした違反広告物を市民ボランティアが「除却」できる制度を創設したのです。「除却」という聞き慣れない言葉が使われていますが、はがしたり、撤去したりすることだと考えてください。

「ボランティア」を強調しているのは、多くの違反広告物を除却するには、市の対応だけではとても手が足りない状況になっているからです。しかし、「違反」広告物であっても、所有権を尊重しなくてはならないという法律の立場があり、違反広告物を目にした人なら誰でも違反広告物を除却してよいということにはなりません。こうした制限のもと、実質的な効果を上げられる制度として、今回、「路上違反広告物除却推進員」の制度を創設しました。具体的には、市民ボランティアに講習会を実施し、法令などを十分理解してもらった上で、市長、つまり私が「路上違反広告物除却推進員」に任命し、除却活動をお願いすることになります。その結果、広島は今まで以上に美しい街になるはずです。

ポイ捨てや落書きを防止する上で大切な点を、二つだけ指摘しておきたいと思います。

一つは、ゴミ一つ落ちていない場所にポイ捨てをする人は少ないという事実です。逆に、破れた窓ガラスがそのまま放置されていると、すぐにその数は増え、落書きから犯罪へとエスカレートする傾向があることも知られています。まだ小さいうちに、街を汚したり犯罪の芽となったりする行為を摘むことが大切だという考え方は、「破れ窓の理論」と呼ばれ、一九八〇年代にアメリカで提起された考え方です。竹花豊・東京都副知事（前広島県警本部長）もこの理論を高く買っています。理論の集大成として一九九六年に出版された『割れ窓理論による犯罪防止』（ジョージ・ケリング、キャサリン・コールズ、ジェームズ・ウイルソン著）は、文化書房博文社から翻訳出版されています。

さて、この理論は、ボストンやニューヨークで実際に採用され、驚くような成果を生みました。特にニューヨークにおける犯罪率の低下や、地下鉄の落書きがまったくなくなったことなど、皆さんもご存じだと思います。そのニューヨークでの経験をわかりやすくまとめた一章が、『ティッピング・ポイント』（マルコム・グラッドウエル著、日本語訳は飛鳥新社刊）の中にあります。

この本にも取り上げられているのが、もう一つの大切な点です。それは、落書き防止のためには、その落書きを人の目に触れさせてはいけないということです。ニューヨークの地下鉄では、昼間書かれた落書きを、次の日の朝までに消す作業を粘り強く続けることで、大きな成果を上げました。この考え方は、その他の犯罪や反社会的行為を防止する上でも効果があります。

広島でも、ボストンやニューヨークと同じような連鎖反応が起きれば、街を美しくすることができるはずです。そして、小さなことの積み重ねでも、私たちの生活環境を改善することは、たとえば暴走族問題の解決につながり、ひいては広島が「万人の故郷」になる日に一歩ずつ近づくことにもなります。

「破れ窓の理論」と刑務所

2003.10.10.

前回は、「破れ窓の理論」とその成果を紹介しました。確かに、ニューヨークやボストンでは、「治安が良くなった」、「安心して街を歩けるようになった」という声が、多く聞かれるようになりました。しかし、いいことばかりではありません。もう少し丁寧にアメリカの状況を理解しておかないと、好ましくない方向へ舵を切る可能性があるのです。ということで、正負を合わせて全体像を把握する必要があります。

一九九〇年代の中頃、カリフォルニア州で、刑務所の維持管理のために必要な費用が、カリフォルニアの大学システムの維持管理費用を超えたことが大きな話題になりました。皆さんご存じだと思いますが、カリフォルニア州には、バークレー校やUCLA、サンタバーバラ校などを含むカリフォルニア大学に加えて、カリフォルニア州立大学という名称の優れた大学がいくつもあります。学生数は全部で約五〇万人にも上り、ノーベル賞受賞者も多く輩出している大学システムです。

その全予算より、三三カ所、合計一六万人の受刑者が収容されている刑務所のために使う予算のほうが多いと聞いて、ショックを受けた記憶があります。それでも当時は約二億ドルだったのが、最近では約五〇億ドルにまでなっているのです。

お金がかかるのは、受刑者の数が多いからです。人口一〇万人当たりの受刑者数を国際比較すると、アメリカが抜きん出ています。イギリスが約一四〇人、イタリアが約六〇人、日本は約三〇人です。それに対し、アメリカは約五〇〇人に上ります。

その理由としては、一九七〇年代から、アメリカ社会の犯罪についての考え方が大きく変わったことが挙げられます。すなわち、犯罪の重さに関係なく刑務所へ、という考え方です。犯罪の原因をなくしたり、受刑者が出所後、社会復帰できる環境を整えたりすること、つまり更生を重視することよりも、とりあえず刑務所に入れることを優先させる考え方が主流になったのです。

実は、そのような流れをつくる上で、前回ご紹介したケリング氏やウイルソン氏の「破れ窓の理論」が大きな役割を果たしたともいわれているのです。ただ、この点については注意が必要です。「破れ窓の理論」では、小さいことでも犯罪につながりそ

らくがきクリーンキャンペーンの様子

うなこと、たとえば窓ガラスの破損や落書きを、その地域の努力で取り除いて、犯罪を予防すべきだという点が強調されています。しかし、この考え方を少し変えると、どんな微罪でも刑務所に送ることで犯罪の予防ができるのだ、という主張になってしまいます。それに加えて、地下鉄料金を払わない犯罪者を、徹底的に逮捕し刑務所に送ったことが、ニューヨークの地下鉄犯罪の撲滅に役立ったという「事実」が同時に流布されました。

しかし、ここで見落としてはならない点があります。ニューヨークの地下鉄犯罪が減ったのは、長期にわたりニューヨーク市警の組織改善の努力が行われ、効果的かつ効率的な仕事ができるようになったからです。また、犯罪者を微罪で逮捕し刑務所に送ったこと以上に、微罪で逮捕された被疑者の中に、高い確率で拳銃の保持者や指名手配中の犯人がいたからです。そのため、警察官の士気も上がり、地下鉄の駅や車両内を丁寧にパトロールするようになったのです。さらに、前回も指摘したように、落書きを次の日の朝までに消した努力の成果でもあります。「破れ窓の理論」は、逮捕した犯人を、何が何でも刑務所に送るという方針にまで、お墨付きを与えてはいないのです。

皮肉なことに、昨今のアメリカでは、何が何でも刑務所に入れることが解決策だという考え方に対する反省が生まれつつあります。犯罪についての基本的な考え方が変わったというよりは、たとえば、麻薬の中毒者を刑務所に入れるより、治療を受けさせたほうが安上がりだという経済的な理由が主になっているようです。

アメリカ社会の動きを五年、一〇年遅れで、あるいはもう少し経って真似をするのが日本社会だともいわれています。今後、日本社会でも、どんな犯罪でも重罰に処すべし、刑務所に入れればそれで問題は解決する、という単純な考え方がかなり広まるのではないかという気がしています。アメリカの経験を他山の石として、本質がどこにあるのかをきちんと理解した上での対応が、とても大事になってくると思います。

広島の魅力を数値化すると？

インターネットを利用して、ホームページを作っている自治体の数は、全国で二、九二四あります。その中でも広島市のホームページは大変高く評価されています。二一世紀政策研究所の評価によると、政令市の中では第一位、全自治体の中でも六番目です。ぜひ有効に使っていただきたいと思います。

実はこの情報も、ホームページの中の「広島市ランキング・日本一（世界一）」に掲載されています。このページを見ていると、その他にも、「ビジネスマンが住みやすい街」番付が政令市中一位、全体でも三位だったり、消費者物価が政令市で一番安いという調査があったりで、大変興味深い広島の姿が浮かび上がってきます。

ランキングのすぐ隣りには、「ひろしま応援メッセージ」というページもあります。広島を訪れる多くの皆さんからの声を集めてあります。これまた、広島の魅力をさまざまな視点から伝えてくれます。その結果、私たち広島市民を勇気づけてくれるメッセージ集になっています。景気が悪い、仕事がうまくいかないなど、思考が縮みがちになっているときこそ、こうした前向きで、新しいエネルギーの源泉になるような事実やアイデアを確認することが大切なのではないかと思います。

2003.12.10.

そのためにとても役立ち、かつ、私たちの仕事や日常生活をより効率的に、しかも楽しく行う上で有効なデータと考え方を紹介したいと思います。私よりちょっと年配のYさんご夫妻が作られた、「東京・広島　QL　主観的比較」です。「QL」は、「クオリティー・オブ・ライフ」の略で、生活の質という意味です。

お二人は、横浜市のたまプラーザから、九年前に、夫のMさんの現役活動四〇年を機に、故郷である広島に転居されました。その際、三五年にもなる東京圏での生活と広島での生活を比較した上で、転居を決定したそうです。一流企業のエリート・ビジネスマンとしての合理的な判断の仕方ですが、大切な決定をする上で、私たちにも参考になりそうです。

具体的には、まず自分たちの生活にとって大切な二八の項目を選んで、その一つ一つが自分たちにとってどのくらい大切なのかを、一から一〇の間のウエイト、つまり点数で示しました。各項目について、東京のレベルを一として、それより改善が期待できる項目には一から二の間の小数で、東京より悪く

海と川と山に囲まれる広島市

なるものについては、〇から一の間の小数で評価しました。ウエイトと評価を掛けたものが、その項目についての評価です。二八項目全部の評価を足した結果が、総合評価になります。

たとえば、「住居の快適さ」はウエイトが一〇ですから、転居にあたって、これが重要な要素だったことがわかります。そして、築後二二年に対して、新築かつ面積が増えるという理由で、東京に対する広島の期待度は一・三です。この項目の評価は一三ということになります。「大きな本屋があるか」はウエイト三で、東京と比べると不利な点になっており、期待度は〇・五です。他の項目としては、「気候・風土」、「人情、人間関係、親戚付き合い」、「友人の喪得」、「食料品物価」、「食料品鮮度・うまさ」、「一般生活費」、「音楽会等のイベントの開催」、「その料金」、「切符の入手し易さ」等々があります。ご自分たちの生活の内容や質について、ずいぶん細かく、かつ客観的に理解していらっしゃることがわかります。

さて、その結果ですが、東京で生活し続けるとすると、合計点は一四四点、それが広島に転居すると一六六・六点になるという予測を、九年前に立てられました。その予測に従って、広島への転居を決められたとのことでした。約一五パーセント、生活の質が向上するという評価を広島に対していただいたのです。念のために付け加えておくと、この中には引越しの労力や費用も、マイナスの点として考慮されています。

これだけでも、広島ファンにとっては嬉しい評価です。しかし、長い間の東京生活でたまったフラストレーションや、その反動としての故郷びいきが評価に反映されていないとも限りません。しかし、その心配は、広島生活一年後の「実測値」、そして九年後の「実測値」で、見事に払拭されています。その間、新しい項目が付け加えられ、全部で三二項目になりました。東京における生活の質は、一四五点と評価されています。

広島における一年後の実測値は、一七五・七点です。九年後では一八三・四点で、転居時に一五パーセントは生活の質が向上するだろうと予測した値をはるかに超えて、約二五パーセントの向上率になっています。

こうした分析を、サラリーマンの皆さんがしたわけではないと思いますが、「住みやすい街」番付で、広島市が高い評価を得ているのもむべなるかなという気がします。広島に長い間住んで、ついつい広島の良さを当たり前のことだと考えがちな私たちにも、教えられることが多いような気がします。

その一つは、このような分析を何らかの節目に行い、来し方を振り返り、行く末を展望することで、これからの人生のあり方をより客観的に考えることができるのではないかという点です。いわば、私たちの人生の「棚卸」をするわけです。

実は、広島市の行政のあり方について、より客観的に考えるために導入した「行政評価」も、基本的には同じような考え方に支えられています。

創造的官僚制度の創造（その一）——理想の職員像とは

2004.1.10.

あけましておめでとうございます。本年もよろしくお願い申し上げます。
さて、年の初めのメルマガですので、「創造」について考えてみたいと思います。

「創造的」と「官僚制度」をつなげると、常識的には二律背反になります。「官僚的」という言葉は、「人間的」とか「創造的」という言葉の対極にあると通常考えられているからです。しかし、暮からお正月にかけて、財政再建、また組織や人事を中心にした行政改革について思いを巡らせているうちに、これまでの五年間、私が努力してきた方向にラベルを付けるとしたら、「創造的な官僚制度」を創ること、矛盾の中から新しいエネルギーを生み出すことだったと要約できるのではないか、と気づいたのです。

五年前、市長に就任してからしばらくの間、毎日びっくりすることばかりだったといってもよいほど、意外な「発見」がありました。たとえば、職員の異動にあたって、つまり今の仕事から別の仕事に移るに際して、本人の希望を聞く制度がありませんでした。仮にスポーツ好きのAさんが、スポーツを担当する仕事に就きたいと思っていても、その希望を伝えるメカニズムがなかったのです。その結果、Aさんにとっては一番苦手の図書館勤務になるようなことが、日常的に起きていたのです。

職員一人ひとりについての評価も当然行われてはいましたが、その客観性については百パーセントの担保はできていなかったようです。ましてや、本人にその情報が開示されることもありませんでした。その上、「課長になったら議論をするな」というご託宣《たくせん》もかなり忠実に守られていたようですので、人事に恣意《しい》性の入り込む余地がずいぶんあったといってよいと思います。

そんなとき、職員の遅刻率が一〇パーセント以上あると聞いて、腰を抜かさんばかりに驚きました。しかし、こんな人事制度だったら私でも、毎朝起きて仕事に出かけることを辛く思ったかもしれません。

このような前近代的制度は、順次改めました。人事異動の際に本人の希望を聞くことはもちろん、より客観的な人事評価を導入しました。加えて、上司と本人が面談して、一年間の仕事の成果について、また、これからの仕事について話し合う制度も取り入れました。また、行政評価制度を導入して、各課や市役所全体での仕事の達成度を確認し、数値を添えたベンチマークという形で市民に公開することも始めました。局長の「仕事宣言」も、この流れの一環です。どれも、市民の視線で市役所の仕事を見直す姿勢で一貫しているつもりです。こうした改善策が定着するのと軌を一にして、遅刻率も下がり、現在では一パーセント以下になっています。

しかし、これまで挙げたような改善策は、良い仕事をする上での必要条件ではあっても、十分条件にはなりません。「職員をロバに喩えるのはけしからん」というお叱りを覚悟で古い格言を引けば、「ロバを川に連れて行くことはできるが、水を飲ませることはできない」のです。市の職員が、自らの発意で、日夜市民の立場に立って仕事をするにはどうしたらよいか。上司から言われなくても、仕事に工夫を重ね、新しいやり方を発案したり、新たな問題を発見して取り組むためにはどうすればよいか。あるいは、幅広い分野に積極的な関心をもち、勉強を続けるなど、私が期待する職員像を実現するためにはどのようにすればよいのか、それが次の問題です。

念のために断っておきますが、ここで「理想の職員像」として掲げたような職員が、広島市にもかなりいるというのも事実です。制度に問題があるにしても、なお市民とともに頑張り、素晴らしい未来を切り開くために努力してきた職員も多いのです。このような職員に報いるためにも、大多数の職員が同じような姿勢で頑張っていると市民から評価されるような環境づくりをしたいと、強く願っています。

私の提起している問題は、その道の専門家の言葉では「動機づけ」というのかもしれません。しかし、私自身は、職員一人ひとりが自分のもつ創造性を発揮できる環境を整えること、と表現したいと思います。「動機づけ」には、まだ人を効率的に使うといったニュアンスが残っています。確かに組織として考えれば、市職員全体の仕事の効率を良くするという視点は必要です。しかし、もう一つ大切なのは、仕事が職員にとってもやりがいのあるものでなくてはならないという点です。効率は、その結果としてついてくるはずです。また、やりがいのない仕事の効率を上げるということはかなり難しい、つまり効率的ではないということもおわかりいただけると思います。究極的には、一人ひとりの人間の満足感は、その人が自分の尺度でどれくらい創造的な仕事を成し遂げたのか、にかかっているのではないでしょうか。

実は、この点を別の形で表現したのが、第一回の「市長日記」(＊)で取り上げたボランティア精神についてのエッセイです。広島市のホームページに掲載されていますので、もう一度お読みいただけると幸いです。

「創造性」という観点から仕事を考えるとき、私の頭にまず浮かぶのは、数学者として創造的な仕事をするための訓練を受け始めた頃のことです。数学科に入ってまもない頃、大先生の一人からいただいたアドバイスが、今でも鮮明に頭に残っています。「良い数学者になるためには、柔軟な頭脳と、強い腕力が必要だ」という言葉です。

柔軟な頭脳についても、より詳しく説明したいのですが、直観的にその意味はおわかりいただけると思います。「強い腕力」とは、想像力を駆使することによって頭の中に浮かんだ一種の夢、――それも数学の世界についての夢ですが、――それを数学的な現実として具現化するための計算力を意味します。政治や社会の問題に置き換えれば、理想とする世界を実現するための企画力や実行力を意味します。

では、このような腕力、それに柔軟な頭脳を創るためにはどうすればよいのでしょうか。その点については、稿を改めて考えたいと思います。

＊「市長日記」：広島市の広報紙である「市民と市政」に二〇〇三年五月一日から連載しはじめたエッセイ。広島市のホームページでも公開している。

創造的官僚制度の創造（その二）——広島市行政改革大綱

2004.1.25.

前回は、前近代的な制度から出発して、最終的には「創造的官僚制度」とでも評価されるような広島市役所を創る上での中間報告をしました。では、その目標、つまり「創造的官僚制度」とはどんなものなのでしょうか。それは、市の職員一人ひとりが「全体の奉仕者」として、「やる気」をもって、「創造的」に仕事をしている市役所——と表現できると思います。「創造的」という形容詞を付けた理由は、職員の側から考えたときに、「やる気」をもって仕事をすることがそのまま、創造性の表現になると考えているからです。

そのために職員一人ひとりが身につけるべき資質を、私の経験から、「柔軟な頭脳」と「強い腕力」に分けて考えたい、というところまでが前回の問題提起です。

「強い腕力」とは、企画力や実行力を指しています。しかし、それ以前に、お役人として当然もっていなくてはならない常識、つまり、法律や制度についての十分な理解も挙げておきたいと思います。加えて、情報を得たり必要なときに助けを求めたりできる人的なネットワークをもっていること、コンピュータや財務・会計についての知識、語学力などもこの中に入れておいたほうがよいでしょう。一口でいえば、「優等生」のもっている資質です。

それだけで十分だという考え方もあります。しかし、それだけでは、「硬直した」とか「縦割り」とか、あるいは「お役所的」といった好ましからぬ形容詞が付く官僚制度につながる危険性が高いように思います。そこで、「柔軟な頭脳」が登場します。過激な表現を使うと、「柔軟」ということは、これまでに掲げた「優等生」的なものをすべてぶち壊すことを指します。

といっても、これを文字通りに受け取って、たとえば法律違反をしてもらっては困りますので、三つ、説明を付けておきます。一つは、「規制緩和」という言葉です。この言葉は、制度的にがんじがらめの行政を柔軟にしようという方向を示しています。かなり創造性の高い言葉です。なかには規制を強めなくてはいけない分野や事柄があるにもかかわらず、「規制緩和」がロマンチックな響きをもつのは、この創造性のゆえではないかと思います。

次に指摘しておきたいのは、目的です。市の職員は、「全体の奉仕者」、「公僕」としての仕事をするわけですから、当然、本来の目的に反するようなことは許されません。ここが「柔軟」になると、一部のボスのため、あるいは外圧に負けて仕事をすることになってしまいます。ですから、目的の部分は決して柔軟にしてはいけないことを、肝に銘じておくべきです。

いろいろ勿体を付けましたが、三番目にいいたいのは、「柔軟な頭脳」の定義です。「柔軟な頭脳」とは、目的を達成するために、さまざまな視点から物事を考えられる能力です。より正確にいえば、異なった文脈を設定できる能力、あるいは視点ということです。一人の人間が、お役人としても優秀であり、かつ柔軟な考え方もできることが望ましいのです。しかし、市役所といった組織全体で考えると、違った見方もできます。一人ひとりが多様な視点をもっていなくても、多様な考え方をもつ複数の人を採用することで、多様な視点を確保することは可能だからです。特に、男性と女性の間にある本質的な違い、それも単に役割分担といった狭い意味ではない違いを、社会の中で生かすことが大切なのも、この点と本質的に関わってきます。

多様な人材を擁した環境を生かしたいと真剣に考えるなら、「課長になったら議論をするな」といった考え方こそ、真っ先に排除されるべきものだということがおわかりいただけると思います。意見を述べなければ、間違っているかどうかさえもわからないからです。

さて、職員一人ひとりという視点に戻って各人の満足度を考えると、創造的な仕事から得られる満足度のほうが、いわゆるお役所仕事のそれより高いといえるでしょう。マズローによる欲望の五段階説でも、自己表現が最高位にあるのですから。

それを前提に、「強い腕力」と「柔軟な頭脳」を兼ね備えた職員を養成するためには、どうすればよいのでしょうか。答えは簡単です。誉めることです。とても誉められないような仕事ぶりの人間まで誉めろ、と言っているのではありません。長所を認め誉めることによって人を育てるシステムが大事だと考えているのです。

教師、特に数学の教師は、人を誉めることが上手ではないと、よくいわれます。したがって、これは私自身、自戒の意味を込めて言っているのですが、人をやる気にさせる動機づけとしては、最終的には誉めることしかないと言っても過言ではありません。その基本にあるのは、人間としての尊厳をお互いに尊重する気持ちです。

組織の観点からは、自分自身に自信をもち、自らの意見や発言に誇りをもつ個人が積極的に参加してはじめて、血の通った創造的な組織になるのです。制度的にいえば、人事の評価とそれに見合った異動や昇進、昇給のシステムを創ることが何よりも大切です。

このような考え方を、「広島市行政改革大綱」としてまとめました。真に創造的な組織を創り、その組織の中で個性豊かな職員が生き生きと仕事をする。そして、議会、職員、市民から提案される創造的な施策を実現していく。それが二一世紀の広島を活性化させ、ひいては二一世紀を広島の時代にする。そんな究極的な目標に向けて、この大綱をつくったのです。

電子市役所のこれから

2004.6.25.

日経産業消費研究所の発行する『日経グローカル』誌が、二〇〇四年八月二日号で、「自治体の電子化進捗《しんちょく》度ランキング」を発表しました。びっくりしたのは、広島市が総合で五五三位、広島県内でも最低の順位にランクされていたことでした。

「信じられない」という思いがまず頭をよぎりました。同時に、日進月歩する技術の世界について、とんでもない見落としをしていた可能性もあるので、早速、調査を指示しました。

その結果、公表された数字は誤りで、広島市は総合ランキングで第五位だったことがわかり、ホッと胸を撫で下ろしました。この件のおかげで、これからの広島市のＩＴ政策について、改めて考え直すことができました。

『市民と市政』に掲載している「市長日記」（二月一五日）でも報告したように、広島市はこれまで、ＩＴの導入・利用について、かなり高い評価を受けてきました。そのきっかけになったのは、二〇〇一年の庁内ＬＡＮの整備です。これを契機に、市のホームページなども一新し、電子市役所をめざす方針をはっきり打ち出したのです。

その結果、『日経パソコン』誌などによる国内でのランキングが高いものであることは、すでにお伝えしたとおりです。（念のために復習しておくと、専門誌『日経パソコン』の二〇〇二年五月二七日号に掲載された「e都市ランキング」では、前年の一八五位から一七五都市を飛び越えて、一気に全体で一〇位、政令指定都市の中では一位になりました。また、同年の二一世紀政策研究所のホームページのランキングでは、政令市の中で一位、全体で六位という評価をいただきました。）

国際的には、二〇〇一年にアメリカのシアトル市で開かれた「アジア太平洋都市サミット」において、主催者だった当時のシアトル市長、ポール・シェル氏が、最後のまとめの演説の中で、世界各国からの参加都市の中でも特に台北市と広島市に言及して、「今後、電子市役所として注目すべきなのはこの二都市だ」とまで言ってくれました。

シェル市長が高く評価してくれた二都市には、それぞれ特徴があります。誇張を交えて両市を比較すると、台北市は、とにかく「前に進め」式に、使える技術は何でも導入するという方針です。それに対し広島市は、何のために使うのかという目的に重きを置いて、技術を導入しています。つまり、何が何でも最新技術を他に先んじて導入する、という考え方とは距離を置くという方針です。

一方、世の中の技術動向は急です。ビデオカメラやデジカメが典型的な例ですが、遅れて導入したシステムのほうが安いだけでなく、はるかに優れた技術的内容をもっています。ですから、一瞬目を離した隙に他都市に遅れをとる可能性はあったのです。幸いなことに、ハードとソフトのどちらも、最終目的である市民サービスという基準からみて、他都市に引けをとらないことが『日経グローカル』誌の評価で確認できました。

さて、今後の電子市役所整備にあたっては、表からは見えないハード面も含めて、着実に改善を進めていきます。技術導入本来の目的である市民サービスの向上という視点に立って、電子入札や電子調達、また電子申請や電子申告、それに病院における電子カルテなどのシステムを導入し、目に見える形で行政システムを改善していきたいと考えています。

いわば、かなり標準的、少し否定的に捻れば当たり前の方針ですが、実はこの点がとても大事になってきているというのが、私の認識です。すなわち、技術だけでは市民サービスに差がつかない時代に入っているのです。技術やシステムの導入は標準に合わせる、そしてその技術やシステムをうまく使って市民サービスを向上させる、という考え方が主流になる時代なのです。となると、私たちが電子市役所の充実をめざす上で一番大切なのは、市職員の意識改革、ならびに市役所内のＩＴとは直接関係のないシステムや環境の整備だということになります。

最近、世界的に理解が広がっているのは、どんなに進んだ技術やシステムであっても、それなりに時間が経つと、その技術やシステムは広く共有されるという事実です。特にＩＴに関しては、すでにかなり社会的に浸透しています。その結果、技術を生かすも殺すも、結局はそれを使う人間にやる気があるかどうか、やる気があっても、それを支える広い知識や技能があるかどうかにかかってきます。

つまり、最終的には使い手の意識が最大の要素になる時期を迎えているのです。

具体的な例で説明したいと思います。最初に、ペーパーレス化について考えてみましょう。技術的には、市の仕事から書類をなくしてしまうことは可能です。二〇年ほど前、ペーパーレスの時代がやってきた、という何人かの専門家による宣伝が効いて、パニック状態に陥った人や企業がいたことを懐かしく思い出します。それはともかく、なかなか書類から脱皮できないのは、これまでの習慣に最大の理由があるのです。次に挙げるのは、極端な、しかし微笑ましい例です。今でもこんな経験をしているのです。

仮にAさんとしましょう。Aさんは書類をパソコンで作り、それをプリントアウトして、ファクスで小生のところに送ってきてくれます。同時に、メールでそのことを説明してくれます。回答はファクスで、というリクエストもあります。ファクスにも良い点があり、ファクスでないと駄目な場合もあります。しかし、インターネットだけで処理できるなら、そのほうが早く、仕事も減り、時間の節約にもなります。もちろん、ペーパーレスにすべきかどうかについては、幅の広い観点からの議論が必要ですし、社会全体がその方向に動かないとペーパーレスの時代はやってきません。私の言わんとすることの一つ、つまり習慣の力についてはおわかりいただけたと思います。

次の例ですが、最近ではホームページをもたない都市を探すほうが難しいくらい、ホームページは普及しています。ただし、その使い勝手の良さはピンからキリまでです。お金をかけなくても、ホームページを作成するためのソフトは充実しているので、金銭的・技術的な問題ではありません。ホームページを利用する市民の立場に立っているかどうか、わかりやすく使いやすいページになっているかどうかが問われているのです。短絡的に表現すれば、やる気があるかないかの問題、そしてやる気のある職員がその力を発揮できるシステムになっているかどうかの問題です。

なぜなら、これだけホームページが普及しているのですから、自分の働いている自治体のホームページを改善する気があれば、いくつか他の自治体のホームページを見さえすればよいからです。改善すべき点の一つや二つは必ず見つかります。要は、このような行動をとる職員が、改善を担当する部署にいるか、別の部署の職員でも、気づいた点の改善を提案できるか、その提案が市役所内で迅速に処理されるようなシステムになっているか、といったことが問われるのです。つまり、わかりやすく使いやすいホームページを作ることは、たとえば紙を媒体にした楽しい広報紙を作ることと、その基本的な環境やパターンにおいて、それほど差がないのです。

当然、課題は電子市役所だけに限られるものではありません。ゴミ集めから福祉や医療、教育等々に至るまで、どの分野においても、市民の立場に立って仕事をする市役所になっているかどうかが問われているのです。それに応えて一生懸命に仕事をしている職員たちとともに、これからも、「市民の市民による市民のための広島市政」をめざして頑張りたいと思います。

Smile, everyone!　――「お役所仕事」から脱皮しよう

2004.11.10.

年頭のメルマガで、「創造的な」仕事のできる職員が市民のために働く市役所を創りたい、という抱負を述べました。そして、そのために「行政改革大綱」をまとめたことを報告しました。その後、「大綱」を具体化して「行政改革計画」をつくり、この計画に従って着実に改革を行っています。

その一環として、「さわやかマナー運動」や「あいさつ運動」などを通して、市役所や区役所、その他市の関連施設に来られる市民の皆さんに、職員が丁寧で心のこもった対応ができるよう、努力をしてきました。こうした努力が実って、市民の皆さんからお褒めの言葉をいただくことも増えました。「苦情」に分類される市民の皆さんからの声は、以前の三分の一になっています。もちろん、最近寄せられた「市民の声」を総合すると、まだまだ改善の余地はあり、すべての職員が合格点をもらえるよう、環境を整える必要があります。

「さわやかマナー運動」は、昨年度まで実施してきた運動です。毎年六月と九月を「強化月間」として、接遇《せつぐう》における苦情ゼロをめざして努力を重ねてきました。その内容についても毎年工夫を重ね、

「さわやかマナー宣言」（職員一人一宣言）では、職員一人ひとりが一つずつ、自分で大切だと考えた点を宣言という形にまとめ、さらに職場単位での宣言をまとめて、着実に実行してきました。

工業技術センターでは、「対応は笑顔で」という宣言を選んで、カウンター内に鏡を置いて、笑顔をチェックしながら対応に当たりました。交通科学館では、七夕笹の絵を描き、そこに各自の宣言を貼り出して公表することで、さわやかマナー推進に役立てました。他にも、職場ごとにさまざまな取り組みをしてきています。また、職場単位でさわやかマナー研修を行い、各区役所では具体的なクレーム対応講座を開いて、実質の伴う運動にするよう心がけたとのことです。

今年度はこれに代わって、「あいさつ運動」を実施しています。夏、秋、冬、それぞれ一月近くをいわば強化月間として、気持ち良い、元気の出る挨拶が広島市のトレードマークになるよう努力しています。目玉になっているのは、この期間、市役所や区役

庁舎前での「あいさつ運動」

所などの各庁舎の前で、幹部職員が交代で、八時から八時三〇分までの間、登庁する職員に挨拶をする試みです。

秋の強化月間は一〇月の末で終わりました。毎朝、何人かの職員が、庁舎の玄関で一生懸命に挨拶をしている姿は、私にとっては新鮮で微笑ましくもあり、それまでより熱を込めて挨拶を返したつもりです。

残念だったのは、登庁してくる職員たちの中で、挨拶をきちんと返している人が意外に少なかったことです。これは今後の課題になりました。ちょっぴり頭を下げたりという動作はかなりありました。それで返礼になっていると言われれば、その通りでしょう。しかし、それこそ、さわやかな「お早うございます」がどうすれば増えるのか、一考の余地がありそうです。とはいえ、きちんと挨拶を返している職員、自分から先に挨拶している職員もいましたので、やはり照れ臭いというのが本音なのかもしれません。こんな子ども染みたことをしなくても、という気持ちも、あるいはあるのかもしれません。

その気持ちは私にもよくわかります。初めて候補者として選挙運動を始めたときには、照れ臭さで穴があったら入りたい気持ちでした。また、それを隠すために反発したりしたことを、ある意味で懐かしく思い出します。

とはいえ、職員同士でさえ気持ちの良い挨拶ができない人が、市民に対して突然、素晴らしい挨拶ができるようになるという状況も考えにくいと思います。冬の強化月間には、さらなる努力を期待したいと思います。

私自身が何をすべきかも考えてみました。冬の強化月間には、アメリカ流のホスピタリティーの精神を活用して、「Smile, everyone!」、つまり「皆さん、笑顔で」を率先したいと思います。大上段に構えれば、笑顔のあるかないかが、民間企業とお役所の差であるとさえいえるのではないかと感じているからです。


一月からは、「あいさつ運動」とともに、さらに強力な運動を始めます。その名も、「市民満足度アップのための接遇能力向上運動」。英語を使って、「Brush Up Our Manners 運動」のほうが実態に近いかもしれません。モデル職場を選んで、その職場で働くリーダーの養成と、リーダーによる各職場での研修を行うこと、研修センターによる研修を実施することなど、標準的なメニューが揃っています。しかし、「あいさつ運動」との一番の違いは、自己評価と客観評価を取り入れている点です。

私たちより少し先行して、同じような考え方からしっかりした制度を導入している例があります。郵便局、つまり郵政公社の取り組みです。一〇月一日の「ゆうパック」のリニューアルサービスを契機に、「接遇・マナー」四級認定制度を導入したのだそうです。一級から三級までは今後、制度として具体化していくそうです。現在、すでに始まっているのは、職員が必要最低限、身につけていなくてはならない基本的な接遇マナーを具体的なチェックリストにまとめ、この基準をクリアーできないと郵便局での顧客対応を行う仕事には就けない、という制度です。

チェックリストに載せられているのは、たとえば、「いらっしゃいませ」と大きな声で言うとか、「笑顔で対応する」といったレベルの基本的な事柄です。しかし、表情や身だしなみ、態度、言葉遣い、電話対応など、顧客対応で必要な事柄は一通り網羅してあるとのことです。

この制度で特に注目したいのは、まず、具体的なリストを作った点です。もう一つは、組織の中での認定制度としてレベルを定め、そのレベルに達している職員はバッジを付けるといった形で、誰にでもそのことが伝わるシステムにした点です。

振り返ってみると、郵便局では、公社になる前から私たちにも参考になる試みを実践してきています。たとえば、外勤の職員が必ず持ち歩かなくてはならないデータ手帳の最後のページに、「笑顔練習機」というラベルを貼った鏡を付けて、笑顔の練習ができるようになっています。

広島市の「Brush Up Our Manners 運動」では、こうした点も積極的に取り入れながら、元気の出る挨拶、そして笑顔が広島市のトレードマークとして定着するよう、努力していくつもりです。

Smile, everyone!

第一回日米都市サミット

今月一七日から一九日までの三日間、広島市がホストとなって、国際会議場を中心に「第一回日米都市サミット広島２００４」を開催、成功裡にすべての日程を終了することができました。

日米の都市間で開かれる会議が、二一世紀になって第一回の会議を開いたというのは、どう考えても遅すぎるのでは、と思われる方がいらっしゃるはずです。「環境と地球の未来を考える」（本書二〇三頁）の中でも触れましたが、実は半世紀にわたって「日米市長及び商工会議所会頭会議」と呼ばれる会議が、二年ごとに開かれていました。開催地を日米相互で交代するという慣例でしたので、日本では四年に一度、この会議は開催されていました。広島市も、一九八三年に第一七回のホスト都市を引き受けています。この会議の最終回は第二五回で、一九九九年に北九州市で開かれました。

しかし、いわゆる国際交流という形に重きを置いた日米の交流に限界が見え始め、また、東京都がこの会議の継続に関心を示さなくなり、さらに経費の問題もあり、この会を最後に「日米市長及び商工会議所会頭会議」は幕を閉じることになりました。

2004.11.25.

しかし、この時期は日米ともに、二一世紀の主人公は都市であるという認識がようやく共有された時期でもありました。形を変えて、実質的な情報の交換や経験の共有、新たな問題解決のための共同行動などを中心に据えた交流を続けるべきではないかと考える都市がいくつかありました。北九州市、ホノルル市、広島市などです。これらの都市が中心になって、より多くの都市に呼びかけた結果、実現したのが今回の会議です。

参加したのは、アメリカから一三の都市、日本から一一都市と一つの都市団体、開会式には来賓も含めて一八〇名ほどの参加がありました。

初日の一七日には、コンサルタントとして世界的活躍を続ける大前研一氏による「国境を越えた都市の連携――ボーダレス時代の都市戦略」と題した記念講演と、ホノルル市のジェラミー・ハリス市長による「グローバル化する世界における持続可能な都市の役割」と題する基調講演が行われました。

この二つの講演に共通していたのは、二一世紀の世界の

日米都市サミット　広島2004

方向を決め、その動きを創り引っ張っていくのは都市である、という認識でした。つまり、二一世紀の主人公は都市であり、したがって今回の会議は、その責任を果たすためにはどうすればよいのかを論じる場になったのです。

二日目と三日目には、四つの分科会が開かれました。テーマは次の通りです。第一分科会は「地域資源を活かした市民主体のまちづくり」、第二分科会は「ＩＴ社会における地方行政――ＩＴの活用と市民サービスの向上」、第三分科会は「新産業・事業の創出と地域経済活性化」、そして第四分科会は「環境と都市の持続可能な発展」。

並行して開催された「日米ビジネスフォーラム　イン広島」では、日米合わせて五四社がブース展示、および商談会に参加してくれました。一八日には、基調講演として、ボーイングジャパン社長のロバート・オァー氏による「日米関係の将来」という講演が行われました。航空機産業の今後など、広島市の企業活動という観点からも貴重な内容でした。時間に限りがあり、私は参加できなかったのですが、続いてパネルディスカッションも開かれました。参加企業によるプレゼンテーションなども活発に行われ、活気のあるビジネスフォーラムになったようです。

私が直接参加できなかったプログラムとしては、関連プログラムとして開催されたＮＰＯを中心とする日米ＮＰＯフォーラムがあります。準備の段階から大変熱のこもった企画で、こちらもスムーズに運んだとの報告を受けています。これも今回の会議が成功した大きな理由になっています。

記念講演・基調講演、そして分科会のプレゼンテーションやディスカッションの内容、それに関連プログラムの内容は、日米都市サミットのホームページでご覧いただけます。成功裡に幕を閉じることができ、関係者一同、ホッとしています。

特に嬉しかったのは、アメリカから参加してくれた各都市の市長さんたちが、この会議を大変高く評価してくれたことです。いわば「仕掛け人」の一人であるホノルル市のハリス市長はもとより、全米市長会議の会長であるオハイオ州アクロン市のプラスケリック市長をはじめ、サクラメント市のファーゴ市長、タコマ市のバースマ市長、フリーモント市のモリソン市長、そしてサイパン市のテューデル市長が、揃ってこの会議の意味と内容について積極的に評価してくれました。このサミットをより安定的に開催するため、次回から全米市長会議が正式に関わる事業として位置づけたいという希望がプラスケリック市長から表明されたのは、六市長による協議の結果だとのことです。

私にとっても非常に勉強になり、未来への展望が開けた三日間でした。三日間の会話・対話を通して感じたことを、とりあえず次のような形にまとめておきたいと思います。

第一に、二一世紀における都市の役割、そして位置づけを再確認することができました。北九州市の末吉市長、福岡市の山崎市長、松山市の中村市長など、参加した各都市の市長も同じような感想だったはずです。これまで展開してきた諸施策が、ただ単に一都市の価値観だけによっているものではなく、世界の多くの都市に共有の考え方であることを確認でき、新たなエネルギーが湧いてきました。

次に、分科会でのプレゼンテーションやその他の場でのやりとりから、各都市とも多くの具体的なアイデアを学んだことが大切です。現在進行中の施策やこれからの計画に役立てることができそうな「お土産」ができたのは確かなようです。プラスケリック市長をはじめ数人の参加市長が、何ページにもわたる詳細なメモをとる姿は感動的でさえありました。

同様に感動的だったのは、多くの市民傍聴者の皆さんが参加してくださったことです。また、忙しい中、多くの市会議員の皆さんが熱心に参加してくださったことも特筆したいと思います。

平和記念資料館の見学、旧日銀広島支店における折り鶴の展示見学、ハナミズキの植樹式、広島市の平和への取り組みのプレゼンテーション、高橋昭博氏による被爆体験の証言、平和市長会議の緊急行動の説明と協力要請なども、出席者、特にアメリカの市長さんたちに大きな感動を与えました。主催者として、私たちは当初、平和関連分野については、関心のある都市からの要請があれば、その時点で応えればよいのではないかと考えていました。しかし、事前に参加都市から寄せられた希望を反映させて内容の変更を行い、最終的には全面的に広島市の平和に関する取り組みを前に出すことにしました。アメリカ側の熱意によって、今回の会議の内容が平和の面においても強化されたことは、私たちにとってとても喜ばしいことだと思います。

歓迎パーティー、そしてフェアウエル・パーティーも大好評でした。歓迎パーティーは、広島市立大学の学生用の食堂がメイン会場でした。その入口ならびに内部、そして前の広場には、市立大学の芸術学部の先生と学生が創ったオブジェが並び、参加者を歓迎してくれました。大変意欲的な作品に、参加者一同、大感激をしていました。また、室内楽や屋外での声楽のコンサートも、広島市の文化レベルを示すイベントとして、高く評価されました。

フェアウエル・パーティーは現代美術館で開かれました。パーティーが始まるまでの間、現在行われている企画展、「見るための冒険――ミュージアム・アドベンチャーの活動から」を見てもらいました。親しみやすく感性の刺激にもなる企画に、楽しい一時を満喫した参加者も多かったようです。

今回の成功の大きな理由の一つは、ボランティアの皆さんの活躍です。一般公募に手を挙げてくださった市民ボランティア八六名と、職員のボランティア一〇〇名に、会議登録受付、案内・誘導、日米参加者のアテンド、同伴者のプログラムへの随行などの仕事をしていただきました。今回の会議についての賛辞の中で最も多かったものの一つが、ボランティアの皆さんの仕事ぶりでした。改めてお礼を申し上げたいと思います。ボランティアとしてではなく、仕事の上での担当者として頑張ってくれた職員諸氏・諸嬢の活躍ぶりも、素晴らしいものでした。ボランティアと職員との見事な連携も、今回の成果の一つです。

この会議を開催するために要した費用も、当初の考え通り、以前の形式に比べて大幅に削減ができました（以前の数億円に対して、今回は約二、二〇〇万円）。それも、実質的な内容については以前と肩を並べられるものだっただけに、大変意義のあることだと思います。

今後、この会議からの教訓を具体的に生かしていきたいと考えています。それも、単なる猿真似ではなく、各都市の問題意識を広島市として消化した上で、広島の状況に合わせた形で具体化するという形にするつもりです。すでに広島市が先進的に取り組んでいる事柄もありますし、現在のやり方が正しい方向性をもっていると感じた施策もあります。これからの市政のあり方を注意深く見守っていただけると幸いです。

「管理者に望むこと」――新任課長級職員研修における講話要旨

2005.7.10.

毎年七月に、新たに課長級に昇任した職員のために話をしています。タイトルは、研修センターからの提案で「管理者に望むこと」。私も管理者の一人ですから、半分は私自身の努力目標やこれまでの仕事で役立ったことを若手の職員に話す、という形になります。もう半分は、職員たちの仕事ぶりを観察する中で、改善の余地ありと考えた点を伝えます。さらに、最近の施策についての説明を加えることもあります。

ここ二、三年、話の内容は安定してきています。それでもその年によって強調する点が異なります。今年の内容はこれから考えるのですが、市民の皆さんにも参考になる点があるかもしれませんので、昨年の講話の内容を整理・要約して、また、一部新たな点を付け加えて以下に掲げます。

昨年は「ビジター倍増計画」にかなりの時間を割きました。しかしそれは、市民の皆さんには別の形で説明すべき事柄ですので、ここでは割愛して、「管理者としての心構え」に焦点を合わせます。

A　公務員の倫理

まず、公務員の倫理から話を始めました。私が市長に就任して、それまでの仕事と大きく異なっているると気づいたことの一つが、「法的根拠」がないと行政の仕事はできない、という点でした。良いことだから、儲けにつながるから、といった他の仕事では当たり前の動機だけでは仕事はできないのです。

私には窮屈に感じられるほど、市の職員はこの点を重要視していました。ですから、違法な行為をしないことなどは当然の帰結になるはずです。しかし、残念なことに職員の関与した不祥事が何件か起きました。その点も含めて、まず、法的な根拠の重要性、特に違法行為を絶対にしてはいけないということを強調しました。

① 行政の仕事は、法的根拠がとても大事です。最低限、違法行為をしないこと。こんなことまで言わなくてはならないのは情けない限りです。しかし、大切な点ですので、厳守すること。また、広島市としてのモラルを確立することが大切です。そのために、自分たちの経験をもとにして、こういったケースにはどう対応すべきなのかといった具体的な形で、お互いに意見を交わしながら、自分たちの頭で考えること。また、先輩たちの知恵に学び、同僚や部下たちの声も聞いて、責任を果たすこと。その責任を第一線で担うのが、皆さんのレベルですので、改めてその重要性を認識していただきたい。

② 世の中にある規範・法律をきちんと守るという段階から、捕まって罰せられないと規範・法律が守れないという段階に落ちないようにしてほしい。このことを皆さん自身の問題として捉えてほしい。同時に、市役所全体の問題として、規範や法律がきちんと守られるような体制をつくっていくつもりです。

③ きちんと仕事をしている職員には報い、公務員としての職分を忘れている職員にはそれなりの対応をします。

そのための人事制度上の改革の方向性を、これまでに取り組んできた職員意向調査、上司と部下の面談制度、キャリア・ディベロップメントなどを例として紹介しました。

B　発想の転換をすること

より良い市民サービスを行うためには、民間の「サービス業」がどのようにサービスを提供しているのかが大いに参考になります。より一般的な視点では、民間の企業がサービスをどう捉えているのかを学ぶ必要があります。つまり、ビジネス的な視点で行政の仕事を捉え直してみようということです。一種の意識改革です。巷間、溢れるように出版されているビジネス書には、共通の特徴がありま す。その一つが発想の転換です。典型的な参考書として、スティーブン・R・コヴィー著の『7つの習慣——成功には原則があった！』（キングベアー出版）を薦めています。なかでも、すぐに役立つヒントを三つ紹介しました。

①「新しい視点で物事を見る。」

コヴィー氏の本の冒頭に出てくるエピソードが、このことの大切さをよく教えてくれます。それは次のような話です。

ある日曜の朝、地下鉄に乗ったコヴィー氏の体験です。途中から父子の三人連れが乗り込んできました。乗車してすぐ、子どもたちは車両の中で大騒ぎを始めたのに、父親は目を閉じたまま座っているだけで注意もしない。かなり我慢をしても状況が変わらないことに痺れを切らしたコヴィー氏が、父親に注意をしました。父親は、「ああ、気がつかずにすみませんでした。今、あの子たちの母親、つまり私の妻が病院で亡くなりました。子どもたちも私もどうしてよいかわからないので——。」それを聞いたコヴィー氏は、「それはお気の毒に。私に何かできることがあれば仰ってください。」と応えました。

コヴィー氏がうるさい、迷惑だと感じた子どもたちの行動が変わったわけではありません。変わったのは、その行動をコヴィー氏がどう捉えているのか、つまりコヴィー氏の視点が変わったのです。同じように、視点が変わることで、あるいは私たちが意図的に視点を変えることで、私たちの対応の仕方がまったく変わってくる例は多くあります。これを意図的に使うことで、私たちの仕事も生活もずいぶん改善されるはずなのです。

② 「物事をゼロ・サム・ゲームとして捉えない。すべての人にとっていい結果になるような状況を作り出すように心がける。」

「ゼロ・サム・ゲーム」とは、一方が勝つと他方が負けるようなゲームです。私たちの多くは、あまりにもこの考え方に毒されていて、すべての事柄をゼロ・サム・ゲームとして捉え、そのような行動をしてしまいます。

たとえば、世界的に有名な学者であるK氏が、ある国際会議で同時通訳者と事前の打ち合わせをしました。「私は早く喋れることが特技だ。それでも同時通訳ができるか」というK氏の挑戦に対して、「頑張ります。でも正確に伝えたいので、できる限りゆっくり喋ってください。」と、通訳者は頼みました。K氏は、「お前の負けを認めるならゆっくり喋るが、どっちが勝つか競争しよう。」と言って壇上に進みました。

K氏と通訳者が協力して、聴衆にとってわかりやすく聞きやすい通訳が生み出せるなら、K氏に対する評価も高くなるはずです。動機が何であれ、勝ち負けという文脈で考えなくてもよい事柄まで勝ち負けの問題にしてしまうのは極端です。しかし、通常は勝ち負けの問題として捉えられていることでも、創造力を働かせることで、双方が勝つ枠組みに移して考えることは可能です。これを「WIN-WIN」の枠組みといいます。特に市民サービスで心がけるべきは、市民と職員双方にとって「勝ち」の結果を創り出すことです。

③「物事の優先順位をつけるときに、重要度と緊急度の二つの視点をもって考える。」

仕事をする上での順番ですが、重要かつ緊急なことを最優先するのは当然です。重要でもなく緊急度も低いことは最後に回すべきことも明らかです。大事なのは、重要だが緊急度の低いことと、重要ではないが緊急度の高いことの順序を間違えないということです。重要だが緊急度の低い事柄の典型は、長期的な健康管理や勉強でしょう。緊急だが重要度の低いものの中に入れてよいのは、多くの事務的な電話です。特に、大事な人を前にしての、あるいは大事な会議の最中における電話には、多くの場合、問題があります。

④「この三つがなかなか実行できない場合、物事を考える、あるいは物事を判断する上で困ったりした場合、国際的な比較をしてみること。コヴィー氏のアドバイスも、何らかの形で再発見できるはずである。」

C　事実を重んじ、論理を重んじること

物事を判断し、何かを決定する際、その判断や決定の仕方において、事実を重んじ、論理を重んじることが重要です。事実の重みを尊重し、論理的に一つ一つ考えていくことを仕事のやり方の中心に据えてほしい。その場合、何が事実で何が事実ではないのかを峻別する必要があります。

たとえば、事実ではないことを、誰々が言ったからというだけの理由で「事実以上」に扱うことは止めるべきです。常識に従えばよいのです。つまり、ガリレオ・ガリレイの言葉、「それでも地球は動く」を肝に銘ずることが重要だという意味です。

D　部下を誉めること

部下を誉めてください。違法行為をしたにもかかわらず、その行為を誉めろという意味ではありません。相手の立場で考えて、どんな小さなことでもよいから、誉めるべき点を見つけて誉めること。その結果、部下の立場からみて、上司のアドバイスを受け入れやすい環境にするというのが、その狙いです。

E　ボランティア精神をもつこと

ボランティア精神の核は、
一、明確な目的意識をもっている。
二、責任転嫁をしないで、その目的達成のために自分の時間を使って仕事をする。
ことだと私は考えています。

もう少し視野を広げて別の形で表現すると、「もし、地球の運命があなた一人の肩にかかっているとしたら何をするか？」という問いになります。自分がものすごく大きな権力をもっている場合と、そうでない場合とを仮定して考えてみる必要があります。そうした条件のもとで、あなたには何ができるでしょうか。毎日、こう考え続けていては大変です。しかし、一年に一度くらいは自分の仕事や生活を振り返って、こうした視点から新たな方向性を探ってみることも必要かもしれません。

著　者　秋葉忠利〔あきば ただとし〕

1942年生まれ。
1966年 東京大学理学部数学科卒
1968年 東京大学大学院修士課程卒
1970年 マサチューセッツ工科大学大学院博士課程（Ph.D）卒
1976年 タフツ大学准教授
1988年 広島修道大学人文学部教授
1990年 衆議院議員
1999年 広島市長就任
2003年 広島市長再任

元気です、広島

2006年2月3日　第1刷発行

発行所　（株）海 鳴 社

〒101-0065 東京都千代田区西神田 2 - 4 - 6
電話（03）3234-3643（Fax共通） 3262-1967（営業）
http://www.kaimeisha.com/ 振替口座　東京 00190-31709
組版：海鳴社　印刷・製本：シナノ

出版社コード：1097
ISBN 4-87525-228-5